언어 평등

ХЭЛ ТЭГШ БАЙДАЛ

NYELVI EGYENLŐSÉG

SPRACHE EQUALITY

TAAL GELIJKHEID

SPRÅK LIKHET

LANGUAGE EQUALITY

NGÔN NGỮ BÌNH ĐẲNG

IDIOMA IGUALDADE

BAHASA KESETARAAN

言語平等

שפת שוויון

भाषा समानताको

ภาษาเท่าเทียมกัน

IDIOMA IGUALDAD

AEQUALITAS LANGUAGE

JAZYK ROVNOST

LANGUE ÉGALITÉ

ЯЗЫК EQUALITY

ພາສາຄວາມສະເໝີພາບ

LIMBA EGALITATE

UGUAGLIANZA LINGUA

اللغة المساواة

برابری زبان

ভাষা সমতা　　　语言平等

"모든 언어는 평등하다"

언어는 문화의 다양성 산물이며,
인류 공동체 소통의 시작과 문명 발전의 발자취이다.

LUGHA USAWA

또한, 인류 문명의 근원인 동시에 민족 정체성의 상징이다.
언어 평등주의 관점에서 고유 가치와 순결성은 언어 사용자수와 국력에 국한 될 수 없으며
어떠한 언어도 우수함, 열등함을 비교할 수 없다.

MOBA PIBHICTb

따라서, 우리는 언어의 획일화 위험을 완전히 배제하며
언어학습의 자유로운 선택과 평등한 기회를 위한 어학콘텐츠 개발과 보급이
우리의 가장 중요한 가치 중 하나이다.

민족 자주독립의 1945년 명동 문예서림(서점) 창립이래,
어학 콘텐츠는 우리의 과거, 현재 그리고 미래의 핵심이며
세계 모든 어학콘텐츠 개발과 보급이라는
우리의 이상과 독자를 위한 〈언어 평등〉에 정진할 것이다.

DIL EŞİTLİK

꿩먹고 알먹는
이란어 첫걸음

한국외국어대학교 이란어과 교수
김영연 지음

[살렘] 안녕하세요?

문예림

http://www.bookmoon.co.kr

|꿩먹고 알먹는| 이란어 첫걸음

초판 인쇄　2016년 3월 10일
초판 발행　2016년 3월 15일

지은이　김영연
발행인　서덕일
펴낸곳　문예림
주소　경기도 파주시 회동길 366 (10881)
전화　(02)499-1281~2
팩스　(02)499-1283
E-mail　info@bookmoon.co.kr

출판등록　1962.7.12 (제406-1962-1호)
ISBN　978-89-7482-862-2 (13790)

잘못된 책은 구입하신 서점에서 교환하여 드립니다.
본 책은 저작권법에 의해 보호를 받는 저작물이므로 무단 전제와 복제를 금합니다.

머리말

이란(페르시아)어는 현재 이란 이슬람 공화국의 공용어일 뿐 아니라, 인근 국가인 아프가니스탄과 타직스탄에서도 다리어와 타직어로서 공용어이다. 중동의 불어로 불리는 이란어는 훠르씨 혹은 퍼르씨라 불린다. 7세기 이슬람교가 유입되면서 아랍어의 영향을 크게 받아 32자로 구성된 알파벳 가운데, 아랍어에서 차용된 28개의 문자로 인해 아랍어와 유사한 언어로 생각하지만 이란(페르시아)어는 인도. 유럽어족으로서 영어 등의 유럽제어와 인도의 힌디어 등과 밀접한 관계를 가지고 있다. 물론 아랍어의 요소는 이란(페르시아)어에서 간과할 수는 없다. 그러나 장구한 역사를 거치면서 서아시아에 있어 이란(페르시아)어의 위상을 유지해온 역사성을 가진 언어이다.

이란(페르시아)어는 문법 구조가 간단하다. 우리글과 같은 어순으로 기본 문형이 되어 있어 습득하는데 그리 어렵지 않다. 그러나 아랍어처럼 모음을 표기하지 않아 반드시 발음을 암기해야 한다. 더불어 문어와 일상회화의 구어 발음이 있어 구어체의 발음을 익혀야 한다.

본서는 알파벳을 익힌 초급자부터 중급의 상위 수준의 문어체로 구성하였다. 한 과에서의 구성은 본문, 단어, 문법 알기, 표현 응용, 문제 풀기의 순차로 배정하여, 단계적으로 학습하도록 하였다. 특히 본서의 특징인 표현 응용 부분의 관련 단어는 외국어 교육의 기본이라고 할 수 있는 어휘력의 증진이라는 점을 감안하여 연관된 어휘의 수를 늘렸다. 더불어 표현 응용에서 일상회화 발음을 익히도록 대화문을 택하여 이 문장들은 구어 발음을 넣었다. 또한 문법 알기는 중급에서 상급 수준이 되기 위한 필수적인 문법요소를 상세하게 설명하여 독학자 뿐 아니라 전공자들에게도 많은 도움을 주고자하는 의도를 반영시켰다.

끝으로 이란(페르시아)어를 배우는데 본서가 학습 효과의 기능을 다하고, 학습자에게 도움이 된다면, 그 이상의 기쁨은 없을 것이다. 더불어 외국어에 많은 관심을 가지고 기획하신 문예림의 서 덕일 사장님에게 깊은 감사를 전한다.

2015년 6월
김 영 연

Contents

- 머리말 | 3
- 참고 문헌 | 6

제1부　이란(페르시아)어 알파벳 | 8
제2부　이란(페르시아)어 발음 | 12

제01과　سلام | 18
제02과　اسم شما چیست؟ | 23
제03과　کجاست؟ | 32
제04과　چند است؟ | 44
제05과　ساعت چند است؟ | 55
제06과　بلیط | 61
제07과　خانواده | 70
제08과　رنگ سفید | 79

제09과	الو	85
제10과	بیماری	91
제11과	خوشمزه است	102
제12과	میوه و سبزی	113
제13과	گل و درخت	120
제14과	فیلم و موسیقی	129
제15과	ورزش	139
제16과	بدن	147
제17과	در خیابان	155
제18과	صفت	161
제19과	نامه	168
제20과	مشکل روزمره	178

부록 1. 해답 | 186

부록 2. 동사의 시제표 | 204

부록 3. 주요 동사 | 205

부록 4. 의성어 | 208

참고 문헌

- انوری، حسن. فرهنگ بزرگ سخن ۸-۱، ۱۳۸۱.
- عسگری، مهناز. واژه آموزی زبان فارسی سطح مقدماتی، کانون زبان ایران، ۱۳۸۴.
- عسگری، مهناز. واژاه آموزی زبان فارسی سطح متوسط، کانون زبان ایران، ۱۳۸۵.
- عمید، حسن. فرهنگ فارسی عمید، امیر کبیر، ۱۳۷۸.
- نجوی، ابوالحسن. فرهنگ فارسی عامیانه، نیلوفر، ۱۳۷۸.

- Lambton, A.K.S. Persian Grammar, Cambridge, 1953.
- 黑柳恒南, ペルシア語 四週間, 大學書林, 1972.
- 岡田惠美子, やさしいペルシア語會話, 泰流社, 1978.
- ふじもとゆうこ, ペルシア語, 白水社, 2006.
- 勝藤猛 外, ペルシア語俗談用法辭典, 大學書林, 1993.
- 藤元優子 外, ペルシア語手紙の書き方, 大學書林, 2000.

꿩먹고 알먹는
이란어 첫 걸음

제 1부

이란(페르시아)어
알파벳

이란(페르시아)어 알파벳

	문자이름		위치에 따른 형태		음가
1	اَلِف 알레프	alef	ا	ااا	a.e.o.ā (아.에.오.어)
2	بِ 베	be	ب	ببب	b (ㅂ)
3	پِ 페	pe	پ	پپپ	p (ㅍ)
4	تِ 테	te	ت	تتت	t (ㅌ)
5	ثِ 쎄	se	ث	ثثث	s (ㅆ)
6	جیم 짐	jim	ج	ججج	j (ㅈ)[1]
7	چِ 체	che	چ	چچچ	ch (ㅊ)
8	حِ 헤	he	ح	ححح	h (ㅎ)
9	خِ 크헤	khe	خ	خخخ	kh (ㅋㅎ)[2]
10	دال 덜	dāl	د	ددد	d (ㄷ)

[1] 윗 치아와 아래 치아를 부딪혀서 나오는 음.
[2] ㅎ 발음을 강하게 하여 독일어의 Ich의 발음과 유사함. 우리글에 유사한 발음이 없어 음과 음의 중간발음이라 두 음을 함께 표기함.

11	ذَال 절	zāl	ذ	ذذذ	z (ㅈ*)[3]
12	رِ 레	re	ر	ررر	r (ㄹ*)[4]
13	زِ 제	ze	ز	ززز	z (ㅈ*)
14	ژِ 줴	zhe	ژ	ژژژ	zh (ㅈ**)[5]
15	سِين 씬	sin	س	سسس	s (ㅆ)
16	شِين 쉰	shin	ش	ششش	sh (ㅆ*)[6]
17	صَاد 써드	sād	ص	صصص	s (ㅆ)
18	ضَاد 저드	zād	ض	ضضض	z (ㅈ*)
19	طَا 터	tā	ط	ططط	t (ㅌ)
20	ظَا 저	zā	ظ	ظظظ	z (ㅈ*)
21	عِين '에인	'ein	ع	ععع	' (')[7]
22	غِين 게인	ghein	غ	غغغ	gh (ㄱ*)[8]

3 영어의 z발음과 유사함.
4 영어의 r음과 유사함.
5 영어의 zh발음과 유사함.
6 영어의 sh발음과 유사함.
7 이응을 끊는 소리임.
8 성문을 닫아 ㄱ의 음을 냄.

23	فِ 훼	fe	ف	ففف	f (ㅍ*)⁹⁾
24	قاف 거프	qāf	ق	ققق	q (ㄱ**)¹⁰⁾
25	کاف 커프	kāf	ک	ککک	k (ㅋ)
26	گاف 거프	gāf	گ	گگگ	g (ㄱ)
27	لام 럼	lām	ل	للل	l (ㄹ)¹¹⁾
28	میم 밈	mim	م	ممم	m (ㅁ)
29	نون 눈	nun	ن	ننن	n (ㄴ)
30	واو 버브	vāv	و	ووو	v.o.u.ou (ㅂ*¹²⁾.오.우.오우)
31	هِ 헤	he	ه	ههه	h (ㅎ)
32	یِ 예	ye	ی	ییی	y.i (ㅇ*¹³⁾.이)

이란(페르시아)어 알파벳은 32자로 구성되어 있다. 아랍어의 문자 28자를 차용하고, 이에 4자 (پ، چ، ژ، گ)를 첨가하여 활용하고 있다. 32자의 알파벳 중 3자 (الف، واو، ی)는 자음인 동시에 모음의 기능도 한다.

---

9 영어의 f음과 유사함.
10 22번 게인과 유사한 음으로 성문폐쇄음으로 기억의 음을 강하게 냄.
11 영어의 l음과 유사함.
12 영어의 v음과 유사함.
13 영어의 y음과 유사함. 그러므로 모음과 결합되면, 야. 예. 요 가 됨.

쩡먹고 알먹는
이란어 첫걸음

제 2부

이란(페르시아)어
발음

이란(페르시아)어 발음

이란어의 모음은 문자와 부호로 표기한다. 이란어의 모음은 단모음, 장모음, 이중모음으로 설명할 수 있다.

이란어의 알파벳 32자 가운데 3자 (الف، واو، ي)는 모음과 자음의 기능을 동시에 한다.

1) 단모음

그러나 표기는 하지 않기 때문에 어휘와 발음을 함께 암기해야 한다.

[애]발음은 문자 위에 ́ (화테), [에] 발음은 문자 아래에 ̗ (캬쓸레), [오] 발음은 문자 위에 ́ (잠메)로 표시한다.

(1) [아] ́

م + ́ + ر + د = مَرد [마르드] (사람. 남자)

پ + ́ + ر + د + ه = پَرده [파르데] (커튼)

(2) [에] ̗

ک + ̗ + ت + ا + ب = کِتاب [케탑] (책)

ص + ̗ + د + ا = صِدا [쎄다] (음. 소리)

(3) [오] ́

پ + ́ + ل = پُل [풀] (다리 橋)

س + ́ + خ + ́ + ن = سُخَن [쏘칸] (말. 언어)

2) 장모음

장모음은 [에], [위], [이]가 있다. 이 발음은 문자로 표기된다.

(1) [어]

الف [알레프]가 자음과 결합하여 어중이나 어미에 위치하면, [에] 발음이 된다.
الف + ا = ا + ا 가 결합되면, 자음 + 모음이 되어 발음은 [에]가 되고, آ로 표기한다.
ا + ا + ش = آش [어쉬] (이란식 스프)
ا + ا + ب = آب [업] (물)
س + ِ + ت + ا + ر + ه = سِتاره [쎄터레] (별)
د + ا + ر + ا = دارا [더러] (더러, 남자이름)

(2) [우]

واو [버브]가 자음과 결합하여 어중이나 어미에 위치하면, [위] 발음이 된다.
ا + و = او [위] (그, 그녀)
د + و + د = دود [두드] (연기)

(3) [이]

ی [예]가 자음과 결합하여 어중이나 어미에 위치하면, [이] 발음이 된다.
ا + ی + ر + ا + ن = ایران [이런] (이란)
ش + ی + ر = شیر [쉬르] (우유)
س + َ + ب + ز + ی = سَبزی [싸브지] (야채)

3) 이중모음

현대이란어의 이중모음은 [에이], [오우]가 있다. 표기는 장모음과 동일하기 때문에 어휘마다 그 발음에 주의해야 한다.

(1) [에이]

ایوان = ن + ا + و + ی + ا [에이번] (베란다)
میدان = ن + ا + د + ی + م [메이던] (광장)
زیتون = ن + و + ت + ی + ز [제이툰] (올리브)
عینک = ک + ن + ی + ع [에이나크] (안경)

단, ا...의 형이 되면, ی [예]가 마치 2개 있는 것처럼 자음과 모음 역할을 하여 발음은 [아이]가 된다.

خیاط = ط + ا + ی + خ { خ + ی + ی + ا + ط } [카이여트] (양복점. 의상실)
ایام = م + ا + ی + ا { ا + ی + ی + ا + م } [아이염] (매일)

(2) [오우]

دولت = ت + ل + و + د [도우라트] (정부)
شوهر = ر + ه + و + ش [쇼우하르] (남편)

특수한 발음

1) ک [커프], گ [거프] 위에 ´ [화테] (아)가 붙으면, [카→캬], [가→갸]로 발음한다.

کَثیف = ف + ی + ث + ´ + ک [카씨프→캬씨프] (더러운)
کَم = م + ´ + ک [캄→캼] (소량의. 적은)
گَرم = م + ر + ´ + گ [가르므→갸르므] (따뜻한)
گَردِش = ش + دِ + ر + ´ + گ [가르데쉬→갸르데쉬] (구경. 돌아다님)

2) ا{خا}خوا 은 {خا} [케]로 발음한다.
   خواب = ب + ا + و + خ [컵] (잠. 꿈)
   خواهَر = ر + هَ + ا + و + خ [커하르] (자매)
   خواستَن = ن + تَ + س + ا + و + خ [커스턴] (원하다)

3) ل이 어중에 있는 경우, 두 번 발음한다.
   سلام = م + ا + ل + سَ {سَ + ل + ل + ا + م} [쌀럼] (안녕)
   گُلابی = ی + ب + ا + ل + گُ {گُ + ل + ل + ا + ب + ی} [골러비] (서양배)

음절의 구성

(1) 자음 + 모음

ما = ا + م [자음+모음 = 머] (우리. 우리들)

(2) 자음 + 모음 + 자음

نان = ن + ا + ن [자음+모음+자음 = 넌] (이란의 주식인 빵)

(3) 자음 + 모음 + 자음 + 자음

اسب = ب + س + اَ [자음+ ´ +자음+자음 = 아습] (말 馬)

이란(페르시아어)의 어휘는 모음 문자로 끝나는 경우를 제외하면, 모든 어휘가 자음으로 끝난다고 할 수 있다.

찡먹고 알먹는 이란어 첫걸음

제01과 – 제20과

제1과

سلام

🎧

- سلام

쌀럼

- سلام. حال شما چطور است؟

쌀럼. 헐레 쇼머 체토르 아스트?

- مرسی خوب هستم. شما چطور هستید؟[14] خانواده ی شما خوب هستند؟

메르씨 쿱 하스탐. 쇼머 체토르 하스티드? 커네버데툰 쿱 하스탄드?

- الحمدالله، بد نیستیم. حال آقای کیم چطور هست؟

알함돌렐러, 바드 니스팀. 헐레 어거예 킴 체토르 아스트?

- او خوب هست. ممنون ام.

우 쿱 하스트. 맘눈 암

- خدا حافظ.

코더 허풰즈

- خدا نگهدار شما. به امید دیدار.

코더네갸흐더레 쇼머. 베 오미데 디더르

- 안녕하세요?
- 안녕하세요, 건강은 어떠세요?
- 감사합니다. 좋아요. 당신은 어때요? 가족들은 좋아요?
- 덕분에, 괜찮습니다. 김 선생님[15]은 어떠세요?
- 좋아요. 감사합니다.
- 안녕히 가세요.
- 안녕히 가세요. 또 만나요.[16]

---

[14] 제 2과 문법 알기 참조.
[15] 김씨의 남편을 의미함.
[16] 직역을 하면, '만나기를 희망하며' 이다.

1단계

단어

سلام 쌀럼	평화. 안녕	خانواده 커네버데	가족
چطور 체토르	어떻게	الحداالله 알함돌렐러	덕분에
است 아스트	이다. 있다	آقا 어거	신사
مرسی 메르씨	감사하는	ممنون 맘눈	감사하는
خوب 쿱	좋은. 잘	خداحافظ 코더허훼즈	작별인사
شما 쇼머	당신	خدا نگهدار 코더네갸흐더르	작별인사
امید 오미드	희망. 기대	دیدار 디더르	만남
حال 헐	건강 상태	به 베	으로. 로.

2단계

문법 알기

1. 시간대별 인사

이란어의 인사는 '쌀럼'만으로 시간대에 관계없이 사용할 수 있다. 그러나 좀더 친숙한 기분을 전하고 싶을 때는 '쌀럼' 뒤에 호칭을 붙인다.

예를 들면,
سلام آقا [쌀럼 어거/salām āqā] 안녕하세요 (상대방이 남성일 경우)
سلام خانم [쌀럼 커놈/salām khānom] 안녕하세요 (상대방이 여성일 경우)

작별인사의 경우에도 동일하게 해당된다. 예를 들면,

خدا حافظِ شما [코더허훼제 쇼머/khodāhāfez e shomā/] 안녕히 가(계)세요.

خدانگهدارِ شما [코더네갸흐더레 쇼머/khodānegahdār e shomā/] 안녕히 가(계)세요.

	시간별		상황별
아침	صبح بخیر 숩 베케이르	여행	سفر بخیر 싸화르 베케이르
점심	روز بخیر 루즈 베케이르	작별	خداحافظ 코더허훼즈.
오후	عصر بخیر 아스르 베케이르	작별	خدانگهدار 코더네갸흐더르
저녁. 밤	شب بخیر 샵 베케이르	환영	خوش آمدید 코쉬 어마디드

3단계

표현 응용

آ - حال شما خوب است؟

A [헐레 쇼머 쿱 아스트?] /헐레 쇼머 쿠베?/

خ - متشکرم آقا، خیلی خوب است.

B [모테솨케람 어거, 케일리 쿱 아스트.] /모테솨케람 어거, 케일리 쿠베/

آ - شما ایرانی هستید؟

A [쇼머 이러니 하스티드?] /쇼머 이루니 하스틴?/

خ - بله، ایرانی هستم. شما؟

B [발레, 이러니 하스탐. 쇼머?] /발레, 이루니 하스탐. 쇼머?/

آ - من کره ای هستم.

A [만 코레이 하스탐.] /만 코레이 하스탐/

안녕하세요?
감사합니다. 매우 좋아요.
당신은 이란인이세요?
네, 저는 이란사람이에요. 당신은?
저는 한국인입니다.

4단계

문제 풀기

I. 다음 각 문자를 연결하여 쓰시오.

1) ز + ن + ه + ا

2) پ + د + ر

3) خ + و + ر + ش

4) ا + س + ب

5) ب + ا + ا

6) د + ر + س

7) م + و + ز + ه

8) ک + ل + ا + س

9) گ + ل

10) ه + م + ه

Ⅱ. 다음 문장을 이란어로 옮기시오.

1) 안녕하세요? 부인. 건강은 어떠세요?

2) (나는) 건강합니다.

3) 그녀의 건강은 어떠세요?

4) 매우 좋습니다.

5) 감사합니다. 김씨 부인은 좋아요 .또 만나요.

6) 여행 잘 다녀오세요.

7) 김양 잘 가요.

8) 안녕히 계세요, 하산씨.

9) 안녕히 가세요, 하산 부인.

10) 좋은 아침

주객이 전도
کاسه داغتر از آش است
[커쎄 더그타르 아즈 어쉐]

اسم شما چیست؟

- سلام. اسم من حسن است. اسم شما چیست؟

쌀럼. 에스메 만 하싼 아스트. 에스메 쇼머 치스트?

- اسم من کیم است. خیلی خوشوقتم.

에스메 만 킴 아스트. 케일리 코쉬바크담.

- من هم خوشحالم. خانم کیم، این کتاب مال شماست؟

만 함 코쉬헐람. 커노메 킴, 인 케텁 멀레 쇼머스트?

- بله. ولی چمدان من کجاست؟

발레. 발리 차마더네 만 코저스트?

- آن نیست؟

언 니스트?

- نه، مال من قرمز و کوچکتر است.

나, 멀레 만 게르메즈 바 쿠체크타르 아스트.

- این چی؟

인 치?

- بله، همان است. متشکرم، آقای حسن.

발레, 하먼 아스트. 모테쇼케람, 어거예 하산.

- 안녕하세요. 제 이름은 하산입니다. 당신의 이름은 무엇입니까?
- 제 이름은 김입니다. 대단히 반갑습니다.
- 저도 반갑습니다. 김양, 이 책은 당신의 것입니까?
- 네, 그런데 제 트렁크는 어디있나요?
- 저것 아닙니까?
- 아니요, 제 것은 빨갛고 보다 작습니다.
- 이것은 어때요?
- 네, 바로 그것입니다. 감사합니다, 하산씨.

1단계

단어

سلام 쌀럼	안녕하세요	کتاب 케텁	책
اسم 에스므	이름	مال 멀(레)	…것. 소유물
من 만	나	بله 발레	네. 예.
حسن 하산	하산 (남자이름)	ولی 발리	그러나. 그렇지만
است 아스트	이다. 있다	چمدان 차마던	트렁크. 여행가방
شما 쇼머	당신. 당신들	کجا 코저	어디
چیست 치스트	무엇입니까	قرمز 게르메즈	빨간
چه 체	무엇. 어때	آن 언	그. 그것. 저. 저것
خوشوقتم 코쉬바크탐	(나는) 반갑다.	نیست 니스트	아니다. 없다
هم 함	..도	نه 나	아니요
خوشحالم 코쉬헐람	(나는) 기쁘다.	کوچکتر 쿠체크타르	보다 작은
خانم 커놈	…양. …씨 (여성지칭)	چی = چه 치 = 체	무엇
متشکرم 모테쇽케람	(나는) 감사합니다	آقا 어거	…군. …씨 (남성지칭)

문법 알기

1. 인칭대명사

이란어는 인칭에 따라 동사의 어미가 변하는 인도. 유럽어족에 속하는 언어이다. 인칭대명사는 분리형과 비분리형으로 구분되는데, 분리형 인칭대명사는 문어 즉, 쓰기에서 활용한다. 그러나 비분리형 인칭대명사는 구어 즉, 일상회화에서 활용한다.

1) 분리형 인칭대명사

	단수		복수	
1인칭	من	만/man/ 나	ما	머/mā/ 우리. 우리들
2인칭	تو	토/to/ 너	شما	쇼머/shomā/ 당신. 당신들
3인칭	او	우/u/ 그. 그녀	آنها، ایشان	언허.이션 /ānhā. ishān/ 그들. 그녀들

2) 비분리형 인칭대명사

	단수		복수	
1인칭	م...	...암/am/ 나	مان...	...에먼/emān/ 우리. 우리들
2인칭	ت...	...아트/at/ 너	تان ...	...에턴/etān/ 당신. 당신들
3인칭	ش...	...에쉬/esh/ 그. 그녀	شان...	...에션/eshān/ 그들. 그녀들

2. 에저훼 (1)

에저훼란 '보충한다. 더하다. 첨가하다'라는 사전적 의미를 가지고 있는 어휘로, 문법용 발음을 지칭하는 용어이다. 에저훼는 수식관계와 소유관계가 성립되는 경우 '에' 혹은 '예' 발음이 첨가된다. 이란어는 아랍어와 동일하게 모음은 표기하지 않고, 자음만을 표기하는 언어적 특성상 문장내에서 그 관계성을 파악하여 발음을 첨가시켜야 한다.

1) 자음과 자음의 결합

چمدانم = من + چمدان (나의 여행가방), 두 어휘가 자음으로 끝나는 두 어휘의 소유관계를 나타내기 때문에, 이 경우 에저훼가 첨가되어야 하므로 발음은, [차마던+에+먄]이 되어, 발음은 [차마데네먄]이 된다. 즉, 결합하는 두 어휘의 어미가 자음으로 끝나는 경우, '에' 발음을 첨가한다.

2) 모음(الف، واو، ى)과 묵음의 ه 와의 결합

이란어 알파벳 32자 중, 자음과 모음의 기능을 하는 문자는 الف ، واو ، ى 이다. 이 문자들이 모음으로 어휘의 마지막 어미에 위치하는 경우, 음가는 [어.우.이]가 된다. 그러므로 두 어휘가 결합하여 소유관계 혹은 수식관계를 나타낼 경우, 다음과 같이 발음이 첨가되는 문법이 적용된다.

پای کوچک = کوچک + پا (작은 발),
[퍼/pā/ + 예/ye/ + 쿠체크/kuchk/ = 퍼예 쿠체크/pā ye khuchek/]

موی من = من + مو (나의 머리카락),
[무/mu/ + 예/ye/ + 만/man/ = 무예 만/mu ye man/]

خانه ی قرمز شما = شما + قرمز + خانه (당신의 빨간 집),
[커네/khāne/ + 예/ye/ + 게르메즈/qermez/ + 에/e/ + 쇼머/shomā/ = 커네예 게르메제 쇼머/khāne ye qermez e shomā/]

3. 긍정과 부정의 대답

긍정의 대답, '네'는 بله이고, 부정의 대답, '아니요'는 نه ، خیر ، نخیر [나/na/, 케이르/kheir/, 나케이르/nakheir/]이다. 첫번째 음절은 강세를 넣어 발음한다.

4. 지시대명사

این [인/in/]은 가까운 것을 지시하고, آن [언/ān/]은 먼 것을 지시한다. 명사와 결합하여 지시형용사로 활용하기도 한다. 이 경우 지시대상의 앞에 위치하여 에저훼는 취하지 않는다.

این خانم [인 커놈/in khānom/] 이 여성, آن آقا [언 어거/ān āqā/] 저(그) 남성

5. بودن [부단/budan/] 동사(…이다. …있다)의 현재형

1) 인칭어미

앞서 쓴대로 이란어 동사의 기본 시제는 과거이다. 그러나 본문의 시제에 준하여 현재형 동사어미를 살펴보면 다음과 같다.

	단수	복수
1인칭	...َم 암/...am/	...یم 임/...im/
2인칭	...ی 이/...i/	...ید 이드/...id/
3인칭	...َد 아드/...ad/	...َند 안드/...and/

'…이다. …있다'를 의미하는 بودن 동사는 3종류의 현재형으로 활용된다.

	단수		복수	
1인칭	ام	암/am/	ایم	임/im/
	هستم	하스탐/hastam/	هستی	하스팀/hastim/
	می باشم	미 버쉼/mi bāsham/	می باشیم	미 버쉼/mi bāsham/
2인칭	ای	이/i/	اید	이드/id/
	هستی	하스티/hasti/	هستید	하스티드/hastid/
	می باشی	미 버쉬/mi bāshi/	می باشید	미 버쉬드/mi bāshad/
3인칭	است	아스트/ast/	اند	안드/and/
	هست	하스트/hast/	هستند	하스탄드/hastand/
	می باشد	미 버쇼드/mi bāshad/	می باشند	미 버샨드/mi bāshand/

2) 술부동사

بودن [부단]동사는 형용사와 결합하여, 문장내에서 술부동사의 기능을 한다. 형용사와 결합할 경우, الف로 시작하는 어미형을 활용한다. 예를 들면,

خوشوقتم = خوشوقت + ام [코쉬바크탐/khoshvaqt + am = khoshvaqtam/]
خوشحالم = خوشحال + ام [코쉬헐람/khoshhāl + am = khoshhālam/]

술부동사로, '(나는) 반갑습니다, (나는) 기쁩니다' 가 된다.

6. 소유격대명사

مال [멀/māl/]는, '소유물. 재산'라고 하는 의미를 가지고 있다. 그러나 에저훼를 첨가시켜, '….것'라고 하는 소유격을 나타내는 대명사로 활용된다.

مال من [멀레 만/māl e man/] (나의 것)
این خانه مال شما است. [인 커네 멀레 쇼머 아스트/in khāne māl e shomā ast]
(이 집은 당신의 것입니다.)

3단계 표현 응용

ا ـ این مال کیست؟

A [인 멀레 키스트?] /인 멀레 키예?/

ب ـ این مالِ من است.

B [인 멀레 만 아스트.] /인 멀레 마네/

ا ـ آن منزل مالِ کیست؟

A [언 만젤 멀레 키스트?] /운 만젤 멀레 키예?/

ب ـ آن مالِ پدرِ من است.

B [언 멀레 페다레 만 아스트] /운 멀레 페다라메/

ا ـ او کیست؟

A [우 키스트?] /운 키예?/

ب ـ او دختِ من است.

B [우 도크타레 만 아스트.] /우 도크타레 마네/

이것은 누구 것입니까?
그것은 제 것입니다.
저 집은 누구 것입니까?
저것은 제 아버지 것 입니다.
그녀는 누구에요?
이 애는 제 딸이에요.

4단계

문제 풀기

I. 다음을 우리말로 옮기시오.

1) از دیدن شما خیلی خوشوقتم.

2) این کتاب مال شماست.

3) من ایرانی هستم، شما کره ای هستید.

4) اسم من مُحَمَد است.

5) حالا سرد است.

II. 다음을 이란어로 옮기고, 에저훼에 주의하여 발음을 우리말로 쓰시오.

1) 작은 집   2) 네 것   3) 당신의 작은 발

4) 너의 집   5) 우리들의 책   6) 빨간 여행가방

7) 그녀의 머리카락   8) 그들의 발   9) 내 것

10) 당신들의 집

III. 다음 빈 칸의 동사를 인칭에 맞도록 고치시오.

1) تو کره ای (هست).

2) شما معلم (هستم).

3) ایشان اهل چین (هستی).

4) او کیم (ام).

5) من حسن (ای).

긴 안부묻기

이란인은 안부를 묻는데 많은 시간을 할애한다. 자신은 물론 가족. 친지 등의 안부를 모두 묻고 나서야 자리를 떠난다. 그로 인해 인사에 필요한 어휘를 많이 알고 있어야 이란인들과의 대화가 원활할 수 있다.

حال شما؟ [헐레 쇼머?]
چطورید؟ [체토리드 = 체토린?]
خوب اید؟ [쿱 이드 = 쿠빈?]
سلامت اید؟ [쌀러마트 이드 = 쌀러마틴?]

위의 문장은 전부 같은 의미로 안부를 물을 때 이처럼 다양한 어휘를 사용한다. 이란인들의 문화의 한 양상을 보여주는 예이다.

> **하나보다는 둘이 낫다.**
> دو فکر بهتر از یک فکر است.
> [도 훼크르 베흐타르 아즈 예 훼크레]

제3과

کجاست؟

- منزلِ شما کجاست؟

만젤레 쇼머 코저스트?

- خانه ی من درست کنار دانشگاه است.

커네 예 만 도로스트 루베루예 더네쉬거흐 아스트.

- پس پیاده می روید؟

파쓰 피어데 미라비드.

- بله، خانه ی شما از مدرسه دور است؟

발레, 커네예 쇼머 아즈 마드레쎄 두르 아스트?

- از مترو یا اتوبوس استفاده می کنید؟

아즈 메트로 여 오토부스 에스테훠데 미코니드?

- من سوار اتوبوس می شوم. با اینکه خانه ی من از مدرسه دور است ولی جای خوبی است.

만 싸버레 오토부스 미쇠밤. 버인케 커네예 만 아즈 마드레쎄 두르 아스트 발리 저예 쿠비아스트.

- آنجا کجاست؟

언저 코저스트?

- آنجا بیمارستان است.

언저 비머레스턴 아스트.

- آنجا موزه است. روبروی موزه یک فروشگاه وجود دارد.

언저 무제 아스트. 루베루예 무제 옉 훠르쉬거흐 보주드 더라드.

- 당신의 집은 어디 입니까?
- 저의 집은 대학교 바로 옆입니다.
- 그럼, 걸어서 다니겠군요.
- 네. 당신의 집은 학교에서 멉니까?
- 네. 우리 집은 학교에서 아주 멉니다.
- 지하철로 다닙니까, 혹은 버스로?
- 버스를 타고 다닙니다. 학교에서 집까지는 멀지만, 좋은 곳입니다.
- 저곳은 어디 입니까?
- 병원입니다.
- 저곳은 어디 입니까?
- 박물관입니다. 박물관 맞은 편에는 백화점이 있습니다.

1단계

단어

منزل 만젤	집	مترو 메트로	지하철. 메트로
خانه 커네	집	اتوبوس 오토부스	버스
درست 도로스트	바로. 정확하게	استفاده می کنید 에스테휘데 미코니드	(당신)이용하다
کنار 케너르	옆	سوارِ.. می شوم 싸버레... 미쇼밤	(나)...를 타다
دانشگاه 더네쉬거흐	대학교	با اینکه 버 인케	...이지만
پس 파쓰	그럼	ولی 발리	그러나
پیاده 피어데	걸어서	بیمارستان 비머레스턴	병원. 종합병원
می روید 미라비드	(당신)가다	موزه 무제	박물관
بله 발레	네	روبروی 루베루 예	...맞은편에
دور 두르	멀다	فروشگاه 훠루쉬거흐	백화점
وجود دارد 보주드 더라드	(그것)존재하다. 있다	کجا 코저	어디

| 33

2단계 문법 알기

1. 에저훼 (2)

모음 ی [예/ye/]로 끝나는 어휘와 소유격 대명사가 결합되는 경우를 중심으로 설명하면 아래와 같다.

오래된 책	کتاب + قدیمی = کتابِ قدیمی 케텁 + 가디미 = 케터베 가디미
큰 발	پا + بزرگ = پای بزرگ 퍼 + 보조르그 = 퍼예 보조르그
예쁜 얼굴	رو + قشنگ = روی قشنگ 루 + 가샹 = 루예 가샹
작은 집	خانه + کوچک = خانه ی کوچک 커네 + 쿠체크 = 커네예 쿠체크
깨끗한 야채	سبزی + پاکیزه 싸브지 + 퍼키제 = 싸브지예[17] 퍼키제
당신의 책	کتاب + شما = کتابِ شما 케텁 + 쇼머 = 케터베 쇼머
나의 발	پا + من = پای من 퍼 + 만 = 퍼예 만
그의 얼굴	رو + او = روی او 루 + 우 = 루예 우
우리 집	خانه + ما = خانه ی ما 커네 + 머 = 커네예 머
나의 큰 의자	صندلی + بزرگ + من = صندلیِ بزرگِ من 싼달리 + 보조르그 + 만 = 싼달리예 보조르게 만

---

[17] 모음 ی 로 끝나는 어휘일 경우 에저훼는 발음만 첨가된다.

2. 지시형용사

آن(그, 그것, 저, 저것)은 먼 것을 지칭할 때 사용하고, این(이, 이것)은 가까운 것을 지칭할 때 사용한다. 명사와 결합되어, 지시 형용사가 된다.

예를 들면, جا(곳)과 결합하여 این+جا=اینجا [인/in/+저/jā/=인저/injā/](이곳, 여기), آن+جا=آنجا [언/ān/+저/jā/=언저/ānjā/](저곳, 저기)로 사용하기도 한다.

3. 겹치는 모음의 생략

문장내에서 어휘의 전. 후가 모음으로 겹치는 경우, 하나의 모음은 생략한다. 그러므로 생략된 문자는 발음을 하지 않는다.

예를 들면,

کجا است؟ [코저 아스트/kojā ast/] → کجاست؟ [코저스트/kojāst/]

او + است [우/u/+아스트/ast/] → اوست [우스트/ust/]

4. 과거형

1) 긍정형

이란어 동사의 기본 시제는 과거형이다. 환언하면, 이란어 사전의 표제어는 과거형이 수록되어 있는 특성을 가지고 있다. 그러므로 이란어는 과거형을 시작으로 시제형이 설명되어야 한다.

이란어 동사는 어미가 ن... [...안/an/]으로 끝난다. 시제 변형은 동사의 과거어근과 현재어근으로 변화시킨다. 과거어근은 동사의 기본형에서 어미 ن을 제외한 나머지 부분의 어휘가 된다.

خوردن [코르단/khordan/] (먹다) → خورد (과거어근) [코르드]

کردن [캬르단/kardan/] (하다) → کرد (과거어근) [캬르드]

그러나 현재어근은 규칙 동사와 불규칙 동사로 구분되기 때문에, 불규칙 동사의 현재어근은 사전을 통해 반드시 암기해야 한다.

동사의 과거형 = 과거어근 + (과거형)인칭어미

과거형 인칭어미

	단수	복수
1인칭	ـَم 암/...am/	...یم 임/...im/
2인칭	...ی 이/...i/	...ید 이드/...id/
3인칭		ـَند 안드/...and/

رفتن [라프탄/raftan/] (가다) → 과거어근: رفت [라프트/raft/] + 인칭어미 = 과거형

	단수	복수
1인칭	رفتم = م.. + رفت 라프트 + 암 = 라프탐 /raft + am = raftam/	رفتیم = یم.. + رفت 라프트 + 임 = 라프팀 /raft + im = raftim/
2인칭	رفتی = ی.. + رفت 라프트 + 이 = 라프티 /raft + i = rafti/	رفتید = ید.. + رفت 라프트 + 이드 = 라프티드 /raft + id = raftid/
3인칭	رفت 라프트 = 라프트 /raft/	رفتند = ند.. + رفت 라프트 + 안드 = 라프탄드 /raft + and = raftand/

بودن [부단/budan/] (이다, 있다) → 과거어근: بود [부드/bud/] + 인칭어미 = 과거형

	단수	복수
1인칭	بود + ..م = بودم 부드+암 = 부담 /bud + am = budam/	بود + ..یم = بودیم 부드+임 = 부딤 /bud + im = budim/
2인칭	بود+ ..ی = بودی 부드+이 = 부디 /bud + i = budi/	بود+ ..ید = بودید 부드+이드 = 부디드 /bud + id = budid/
3인칭	بود 부드 = 부드 /bud/	بود+ ..ند = بودند 부드+안드 = 부단드 /bud + and = budand/

2) 부정형

동사의 부정형은 긍정형에 부정 접두사 ن [나/na/]를 붙이면 과거 부정형이 된다.

예; رفتن [라프탄/raftan/] (가다) 과거어근: رفت [라프트/raft/]

과거부정형 = 부정접두사 + 과거형

	단수	복수
1인칭	ن + رفتم = نرفتم 나+라프탐 = 나라프탐 /na + raftam = naraftam/	ن + رفتیم=نرفتیم 나+라프팀 = 나라프팀 /na + raftim = naraftim/
2인칭	ن + رفتی = نرفتی 나+라프티 = 나라프티 /na + rafti = narafti/	ن+ رفتید = نرفتید 나+라프티드 = 나라프티드 /na + raftid = naraftid/
3인칭	ن + رفت=نرفت 나+라프트=나라프트 /na + raft = naraft/	ن+ رفتند = نرفتند 나+라프탄드 = 나라프탄드 /na + raftand = naraftand/

예; بودن [부단/budan/] (이다. 있다) 과거어근: بود [부드/bud/]

과거부정형 = 부정접두사 + 과거형

	단수	복수
1인칭	ن+ بودم = نبودم 나+부담 = 나부담 /na + budam = nabudam/	ن+ بودیم = نبودیم 나+부딤 = 나부딤 /na + budim = nabudim/
2인칭	ن+ بودی = نبودی 나+부디 = 나부디 /na + budi = nabudi/	ن+ بودید = نبودید 나+부디드 = 나부디드 /na + budid = nabudid/
3인칭	ن+ بود = نبود 나+부드 = 나부드 /na + bud = nabud/	ن+ بودند = نبودند 나+부단드 = 나부단드 /na + budand = nabudand/

5. 동사의 현재형

1) 긍정형

앞서 설명한 대로, 이란어 동사의 기본 시제는 과거이다. 현재형으로 활용하기 위해서는 현재어근을 알아야 한다.

کردن [캬르단/kardan/] (하다) → 현재어근: کن [콘/kon/]

동사의 현재형 = می [미/mi/] + 현재어근 + (현재형)인칭어미

현재형 인칭어미

	단수		복수	
1인칭	َم....	암 /...am/	...یم	임 /...im/
2인칭	ی...	이 /...i/	ید...	이드 /...id/
3인칭	َد...	아드 /...ad/	َند...	안드 /...and/

خواستن [커스탄/khāstan/] → 현재어근: خواه [커흐/khāh/] (원하다)

현재형 = می [미/mi/] + 현재어근 + 인칭어미

	단수	복수
1인칭	می+خواه+..مَ = می خواهم 미+커흐+..암 = 미 커함 /mi-khāh-am/	می+خواه+..یم = می خواهیم 미+커흐+..임 = 미 커힘 /mi-khāh-im/
2인칭	می+خواه+..ی = می خواهی 미+커흐+..이 = 미 커히 /mi-khāh-i/	می+خواه+..ید = می خواهید 미+커흐+..이드 = 미 커히드 /mi-khāh-id/
3인칭	می+خواه+..د = می خواهد 미+커흐+아드 = 미 커하드 /mi-khāh-ad/	می+خواه+..ند = می خواهند 미+커흐+..안드 = 미 커한드 /mi-khāh-and/

2) 부정형

동사의 부정형은 긍정형에 부정 접두사 ن을 붙인다. 접두사 می와 연결이 되면, 발음은 نمی [네미/nemi/]가 되어 과거 부정형이 된다.

کردن 동사를 예로 긍정형과 부정형을 활용하면 다음과 같다.

현재부정형 = ن + 현재형

	단수	복수
1인칭	ن + می کنم = نمی کنم 나+미코남 = 네미 코남	ن + می کنیم = نمی کنیم 나+미코님 = 네미 코님
2인칭	ن + می کنی = نمی کنی 나+미코니 = 네미 코니	ن + می کنید = نمی کنید 나+미코니드 = 네미 코니드
3인칭	ن + می کند = نمی کند 나+미코나드 = 네미 코나드	ن + می کنند = نمی کنند 나+미코난드 = 네미 코난드

6. 동사 داشتن 의 예외

동사 **داشتن** [더쉬탄/dāshtan/] (가지고 있다)는 예외적으로 현재형에 접두사 **می** [미/mi/]를 붙이지 않는다. 현재어근은 **دار** [더르/dār/]이다.

		단수	복수
1인칭	긍정	دار + ..م = دارم 더르+..암 = 더람	دار + ..یم = داریم 더르+..임 = 더림
	부정	ن + دارم = ندارم 나+더람 = 나 더람	ن + داریم = نداریم 나+더림 = 나 더림
2인칭	긍정	دار + ..ی = داری 더르+..이 = 더리	دار + ..ید = دارید 더르+..이드 = 나 더리드
	부정	ن + داری = نداری 나+더리 = 나 더리	ن + دارید = ندارید 나+더리드 = 나 더리드
3인칭	긍정	دار + ..د = دارد 더르+..아드 = 더라드	دار + ..ند = دارند 더르+..안드 = 나 더란드
	부정	ن + دارد = ندارد 나+더라드 = 나 더라드	ن + دارند = ندارند 나+더란드 = 나 더란드

단, 과거형은 일반동사와 동일하게 변용된다.

3단계

표현 응용

관련 단어

بد 바드	나쁜	خیلی 케일리	매우. 몹시. 많은.
مال من 멀레 만	나의 것	مال ما 멀레 머	우리들의 것
مال تو 멀레 토	너의 것	مال شما 멀레 쇼머	당신의 것. 당신들의 것
مال او 멀레 우	그의 것. 그녀의 것	مال آنها = مال ایشان 멀레 이션	그들의 것. 그녀들의 것

ا – زمستانِ امسالِ تهران خیلی سرد بود. هر سال اینطور است؟

A [제메스터네 엠썰레 테흐런 케일리 싸르드 부드. 하르 썰 인토르 아스트?]
/제매스투네 엠썰레 테흐런 케일리 싸르드 부드. 하르 썰 이토레?/

ب- بله، معمولاً زمستان برف و بارانِ سنگین می آید.

B [발레, 마아물란 제메스턴 바르프 바 버러네 쌍긴 미어야드] /발레, 마물란 제메스툰 바르포 버루네 미어드/

ا – تابستان چطور است؟

A [터베스턴 체토르 아스트?] /터베스툰 체토레?/

ب – تابستان هوا خیلی گرم و خشک می شود.

B [터베스턴 하버 케일리 갸르므 바 코쉬크 미샤바드] /터베스툰 하버 케일리 갸르모 코쉬크 미쉐/

ا – فصلِ بارانی هم دارید؟

A [화슬레 버러니 함 더리드?] /화슬레 버루니 함 더린?/

ب – نه مثل کره.

B [나 메스레 코레] /나 메슬레 코레/

ا – هوا در کدام فصل بهتر است؟

A [하버 다르 코덤 화슬 베흐타르 아스트?] /하버 다르 코둠 화슬 베흐타레?/

ب – هوای بهار و پاییزِ تهران خیلی خوب است.

B [하버예 바허르 바 퍼이제 테흐런 케일리 쿱 아스트] /하버예 바허로 퍼이제 테흐런 케일리 쿠베/

테헤란의 금년 겨울은 매우 추웠어요. 매년 이래요?
네, 언제나 겨울에는 꽤 눈과 비가 와요.
여름은 어때요?
여름 날씨는 매우 덥고 건조해져요.
우기도 있나요?
아니요 한국같진 않아요.
기후는 어느 계절이 좋아요?
테헤란의 봄과 가을 날씨는 매우 좋아요.

4단계

문제 풀기

Ⅰ. 다음을 우리말로 옮기시오.

1) صبح بخیر. حال شما چطور است؟
2) بد نیستم. خیلی ممنونم.
3) شما چطورید؟
4) من هم بد نیستم.
5) من آن را نخوردم. تو آن را خوردی؟ نه. نخوردم.
6) او نرفت.
7) آقای حسن می رود و من نمی روم.
8) خانم کیم نمی خورد.
9) رو بروی آنجا خانه ی من وجود دارد.
10) ما بد نیستیم. حال تو خوب نیست؟

Ⅱ. 다음 문장을 이란어로 옮기시오.

1) 내 방은 큽니다.

2) 박물관은 멀어서, (우리들은) 지하철을 타고 갑니다.

3) 내 친구는 걸어서 병원에 갑니다.

4) 저 책은 당신 아버지의 것입니까? 아니요, 제 것입니다.

5) 너는 그것을 먹었니? 아니 않먹었어.

6) 그녀입니다. 그녀는 빨간색 가방을 가지고 있습니다.

7) 여기는 어디입니까?

8) 그녀의 얼굴은 예쁩니다.

9) 나는 가지 않았습니다.

10) 그들은 가지 않았다.

Ⅲ. 빈 칸의 동사를 올바른 형태로 고치시오.

1) تو دو پا (دار).

2) شما اطاق بزرگ را (داشت).

3) آنها خانه ی قشنگ را (دار).

4) ما آن کتاب را (خواست).

5) من در بیمارستان (نبود).

개 발에 편자

لقمه بزرگتر از دهان برداشتن
[로그메 보조르그타르 아즈 다한 바르더쉬탄]

■ 더위를 표현하기

이란은 4계절을 가지고 있다. 수도 테헤란의 평균 월 강수량은 20미리 전후이다. 겨울은 춥고 4계절내내 건조한 기후이다. 뜨겁고 더운 여름을 나타내는 인사말이 있다.

خیلی گرم است. [케일리 갸르므 아스트 = 케일리 갸르메] 매우 덥네요

داغ داغ است. [더게 더그 아스트 = 더게 더게] 뜨겁고 뜨겁네요

کباب می شود. [캬밥 미솨바드 = 캬밥 미쉐] 구워지겠어요

چند است؟

- این چند است؟

인 찬드 아스트?

- صد تومان است.

싸드 토만 아스트.

- خیلی گران است. ارزانتر بدهید.

케일리 게란 아스트. 아르전타르 베다히드.

- آن میوه کیلویی چند است؟

언 미베 킬로이 찬드 아스트?

- کیلویی هزار تومان است. چقدر می خواهید؟

킬로이 헤저르 토만 아스트. 체가드르 미커히드?

- دو کیلو بدهید.

도 킬로 베다히드.

- بله. بفرمایید. مرسی.

발레. 베화르머이드. 메르씨.

- 이것은 얼마예요?
- 100토만입니다.
- 너무 비싸요. 싸게 해 주세요.
- 저 과일은 킬로에 얼마입니까?
- 1 킬로에 1000토만입니다. 어느 정도를 원하세요?
- 2 킬로 주세요.
- 네. 자. 감사합니다.

1단계

단어

چند 찬드	몇 개. 얼마	هزار 헤저르	1000
گران 게런	비싼	می خواهید 미 커히드	(당신) 원하다
ارزانتر 아르전타르	보다 싼	دو 도	2
میوه 미베	과일	بفرمایید 베 화르머이드	앉으세요. 드세요. 들어오세요. 제발 ...하세요.
کیلویی 킬로이	1킬로	چقدر 체가드르	어느 정도. 얼마

2단계

문법 알기

1. 형용사

형용사의 비교급은 원급에 تر [타르/tar/]를 첨가시킨다. 최상급은 원급에 ترین [타린/tarin/]를 첨가한다.

형용사 비교급 = 원급 + تر (...보다. ...더)

형용사 최상급 = 원급 + ترین (가장.... 제일...)

원급		비교급	최상급
بزرگ 보조르그	큰	بزرگتر 보조르그타르	بزرگترین 보조르그타린
قشنگ 가샹	아름다운	قشنگتر 가샹타르	قشنگترین 가샹타린
زشت 제쉬트	미운	زشتتر 제쉬트타르	زشتترین 제쉬트타린

비교의 대상은 전치사 از [아즈/az/] (...보다)로 비교한다. 예를 들면,

این از آن بزرگتر است.

[인 아즈 언 보조르그타르 아스트/in az ãn bozorgtar ast/] (이것은 저것보다 크다)

آنها دیرتر از شما آمدند و زودتر رفتند.

[언허 디르타르 아즈 쇼머 어마단드 바 주드타르 라프탄드/ãnhã az dirtar az shomã ãmadand va zudtar raftand/] (그들은 당신보다 늦게 와서 일찍 갔다)

단, 형용사 خوب [쿱/khub] (좋은. 잘하는)의 비교급은 خوبتر [쿱타르/khubtar/] (보다 좋은. 보다 잘 하는)보다 بهتر [베흐타르/behtar/]를 더 많이 사용한다. 이란어의 형용사는 부사의 기능도 하기 때문에, 비교급형태로 부사의 기능을 하기도 한다.

2. 수사

이란어의 숫자는 왼쪽에서 오른쪽으로 명기한다. 다시 말해 문자와는 반대방향으로 쓴다. 1부터 20까지 숫자를 보면 다음과 같다.

1	۱	یک 옉	11	۱۱	یازده 여즈다흐
2	۲	دو 도	12	۱۲	دوازده 다버즈다흐
3	۳	سه 쎄	13	۱۳	سیزده 씨즈다흐
4	٤	چهار 차허르[처허르]	14	۱٤	چهارده 처허르다흐
5	٥	پنج 판즈	15	۱٥	پانزده 펀즈다흐
6	٦	شش 쉐쉬	16	۱٦	شانزده 션즈다흐
7	۷	هفت 하프트	17	۱۷	هفده 헤프다흐
8	۸	هشت 하쉬트	18	۱۸	هجده 헤즈다흐
9	۹	نه 노흐	19	۱۹	نوزده 누즈다흐
10	۱۰	ده 다흐	20	۲۰	بیست 비스트

0은 صفر [쎄프르]이고, 20 이상의 숫자는 و [외로 연결하여 표현한다. 예를 들면 27은 20과 7 = 27이 되어 발음은, بیست [비스트/bist/] + هفت [하프트/haft/] = بیست و هفت [비스토하프트/bist-o-haft/]가 된다.

30	۳۰	سی 씨/si/
40	۴۰	چهل 체헬/chehel/
50	۵۰	پنجاه 판저흐/panjāh/
60	۶۰	شصت 쇠스트/shast/
70	۷۰	هفتاد 하프터드/haftād/
80	۸۰	هشتاد 하쉬터드/hashtād/
90	۹۰	نود 나바드/navad/
100	۱۰۰	صد 싸드/sad/

3. 부정관사

부정관사는 ی... = یک로 표시하며, 명사에 붙인다. '어떤, 하나'의 의미를 가지고 있다. 어미 ی...로 활용되는 경우, 모음과 결합되면 모음과 모음이 겹치는 것을 막기 위해 자음으로 기능하는 ی를 첨가시킨다.

کیلویی = ی... + ی + کیلو = ی... + کیلو [킬로+...이 = 킬로+ㅇ/자음/+...이 = 킬로이/kilo+...i = kilo+y+..i = kiloyi] (1 킬로)

자음으로 끝나는 명사는 그대로 연결된다.

زنی = زن + ی... [자니/zani = zan+...i/] (어떤 여자, 한 여자)

명사가 형용사와 수식관계가 된 경우는, 형용사의 어미에 부정관사어미가 붙어야 한다.

پسرِ خوبی = ی... + خوب + پسر

[페사르/pesar/ + 쿱/khub/ + ...이/...i/ = 페사레 쿠비/pesar e khubi/]

(어떤 착한 아들, 한 착한 아들)

اتومبیل + قشنگ + ارزان + ی... = اتومبیلِ قشنگِ ارزانی

[오토모빌/otomobil/ + 갸샹/qashang/ + 아르전/arzãn/ + ...이/...i/ =
오토모빌레 갸샹게 아르저니/otomobil e qashang e arzãni/]

(어떤 싼 아름다운 자동차. 하나의 싼 아름다운 자동차)

4. 명령형

명령형은 현재어근에 명령과 가정을 나타내는 접두사 ب...를 붙이면, 비칭을 2인칭 단수가 되고, 그 형의 어미에 ید...를 붙이면, 2인칭 복수로 존칭을 나타낸다. 따라서 비칭은 주어 تو에 대한 활용이고, 존칭은 주어 شما에 대한 활용이다.

동사 기본형	현재어근	단수명령형(비칭)	복수명령형(존칭)
دادن 더단 (주다)	ده 데흐/deh/	بده = ب + ده [베데/be + deh/] (줘. 다오)	بدهید = ب + ده + ید.. [베다히드/be + deh + id/] (주세요)
فرمودن 화르무단 (말하다. 지시하다)	فرما 화르머/ farmã/	بفرما = ب + فرما [베화르머/be + farmã/] (자. 어서(please))	بفرمایید = ب + فرما + ید.. [베화르머이드/ be + farmã + y + id/] (어서요. 하세요)
خریدن 카리단 (사다)	خر 카르/khar/	بخر = ب + خر [베카르/be + khar/] (사. 사라)	بخرید = ب + خر + ید.. [베카리드/be + khar + id/] (사세요)
گفتن 고프탄 (말하다)	گو 구/gu/	بگو = ب + گو [베구/be + gu/] (말해)	بگویید = ب + گو+ید.. [베구이드/be + gu + y + id/] (말하세요)
خوردن 코르단 (먹다)	خور 코르/khor/	بخور = ب + خور [베코르/be + khor/] (먹어)	بخورید = ب + خور + ید.. [베코리드/be + khor + id/] (드세요. 잡수세요)
رفتن 라프탄 (가다)	رو 라브/rav/	برو = ب + رو [베라브/be + rav = boro/[18]] (가라)	بروید = ب + رو + ید.. [베라비드/be + rav + id/] (가세요. 가십시오)

---

[18] 현재어근의 어미가 /av/로 끝나는 어근은 /o/로 변한다. 구어발음이 문어로 정착된 예이다. [베라브]가 [보로]가 된다. 예: دویدن [다비단/davidan/](뛰다) → 현재어근 دو [다브/dav/]는 명령형 단수에서 [보도/be + dav = bo + do/]가 되는 경우이다.

5. 의문사

이란어의 의문사는 آیا [어예]를 문두에 붙이면, (...까?)의 의문문이 된다. 그 이외에 의문대명사와 의문부사는 다음과 같다.

(1) چه [체] (무엇)

의문대명사, 형용사로 사용되고, 형용사의 경우는 명사 앞에 위치한다. 구어에서는 چی [치]로 활용되는 경우가 많다.

این چیست؟

[인 치스트?] (이것은 무엇입니까?)

اسم شما چیست؟

[에스메 쇼마 치스트?] (당신의 이름은 무엇입니까?)

علی از چه تعجب کرد؟

[알리 아즈 체 타아좁 캬르드?] (알리는 무엇 때문에 놀랐습니까?)

چه چیزی خریدید؟

[체 치지 카리디드?] (당신은 무엇을 샀습니까?)

چه کتابی خواندید؟

[체 케터비 컨디드?] (당신은 무슨 책을 읽었습니까?)

(2) که [케] (누구)

که의 구어인 کی [키]가 문어에서도 활용되는 경우가 많다.

آن مرد کیست؟

[언 마르드 키스트?] (저 남자는 누구세요?)

این مال کیست؟

[인 멀레 키스트?] (이것은 누구의 것입니까?)

با کی آنجا رفتید؟

[버 키 언저 라프티드?] (당신은 누구와 함께 그곳에 갔습니까?)

(3) كدام [코덤] (어느. 어느 것)

의문대명사. 형용사로 활용된다. 의문형용사가 될 경우 명사 앞에 위치한다.

كدام دختر سارا است؟

[코덤 도크타르 써러 아스트?] (어느 소녀가 써러인가요?)

كدام خانه را خريديد؟

[코덤 커네 러 카리디드?] (어느 집을 샀어요?)

كدام است؟

[코덤 아스트?] (어느 것입니까?)

(4) چند [찬드] (얼마. 몇)

چند 뒤에 명사가 올 때에는 반드시 단수형이어야 한다.

چند سال داريد؟

[찬드 썰 더리드?] (당신은 몇 살입니까?)

ساعت چند است؟

[써아트 찬드 아스트?] (몇 시입니까?)

اين چند است؟

[인 찬드 아스트?] (이것은 얼마입니까?)

چند روز در ايران مانديد؟

[찬드 루즈 다르 이런 먼디드?] (당신은 며칠간 이란에 머물렀습니까?)

(5) كجا [코저] (어디. 어디에)

او را كجا ديديد؟

[우러 코저 디디드?] (당신은 어디에서 그를 보았습니까?)

ديروز كجا رفتند؟

[디루즈 코저 라프탄드?] (그들은 어제 어디 갔었습니까?)

از كجا آمديد؟

[아즈 코저 어마디드?] (당신은 어디에서 왔습니까?)

(6) کی [케이] (언제)

کی به کره آمدید؟

[케이 베 코레 어머디드?] (당신은 언제 한국에 왔습니까?)

کافه در خیابان کارگر کی باز می شود؟

[커훼 다르 키어버네 커르갸르 케이 버즈 미샤바드?] (노동자거리에 있는 카페는 언제 열어요?)

از کی اینجا بودید؟

[아즈 케이 인저 부디드?] (당신은 언제부터 여기 있었어요?)

(7) چرا [체러] (왜)

چرا طلا گران است؟

[체러 탈러 게런 아스트?] (왜 금은 비쌉니까?)

چرا چرم برای ساختنِ کفش مناسب است؟

[체러 차르므 바러예 써크타네 캬프쉬 모너쎕 아스트?] (왜 가죽은 구두를 만드는데 적당합니까?)

(8) چگونه [체구네], چطور [체토르] (어떻게)

حال شما چطور است؟

[헐레 쇼머 체토르 아스트?] (당신의 건강은 어떻습니까?)

نان چگونه درست می شود؟

[넌 체구네 도로스트 미샤바드?] (넌[19]은 어떻게 만들수 있습니까?)

---

[19] 제 2과 문법 알기의 5번 참조.

3단계

표현 응용 🎧

آ – خانم، چه می خواهید؟

A [커놈, 체 미커히드?] /커놈, 치 미커힌?/

خ – تخم مرغ می خواهم.

B [토크메 모르그 미커함] /토크메 모르그 미컴/

آ – چند تا می خواهید؟

A [찬드 터 미커히드?] /찬드터 미커힌?/

خ – پنج تا تخم مرغ چند می شود؟

B [판즈 터 토크메 모르그 찬드 미쇼바드?] /판즈 터 토크메 모르그 찬드 미쉐?/

آ – صد تومان.

A [싸드 토먼] /싸드 투먼/

خ – خیلی گران است، تخفیف بدهید.

B [케일리 게런 아스트, 타크휘프 베다히드] /케일리 게루네, 터크휘프 베딘/

آ – نخیر خانم، گران نیست.

A [나케이르 커놈, 게런 니스트] /나케이르 커놈, 게룬 니스/

خ – تخم مرغِ ارزانتر ندارید؟

B [코크메 모르게 아르전타르 나더리드?] /토크메 모르게 아르준타르 나더린?/

آ – نخیر، چرا گوشت نمی خرید؟

A [나케이르, 체러 구쉬트 네미 카리드?] /나케이르, 체러 구쉬트 네미카린?/

خ – آن تازه نیست.

B [언 터제 니스트] /운 터제 니스/

남자 – 부인, 무엇을 원하세요?	여자 – 너무 비싸요, 싸게 해 주세요
여자 – 계란을 원하는데요	남자 – 아니에요 부인, 비싸지 않아요
남자 – 몇 개를 원하세요?	여자 – 좀더 싼 계란은 없어요?
여자 – 5알에 얼마에요?	남자 – 없어요. 왜 고기는 않사세요?
남자 – 100토만	여자 – 그것은 신선하지 않네요

문제 풀기

Ⅰ. 다음을 이란어로 옮기시오.

1) 아저씨, 사과 1.5kg 주세요. 얼마입니까?

2) 이 사과가 저 사과보다 좋은데요.

3) 몇 킬로 원하세요?

4) 이것은 묵은 거예요. 다음 주에 햇과일이 나옵니다.

5) 저 채소는 이 부인 것이고, 이것은 당신 것입니다.

Ⅱ. 다음 형용사의 비교급과 최상급을 쓰시오.

	원급	비교급	최상급
1	گران 게런(비싼)		
2	ارزان 아르전(싼)		
3	زیاد 지여드(많은)		
4	بزرگ 보조르그(큰)		
5	زیبا 지버(아름다운)		
6	پهن 파흔(넓은)		
7	روشن 로우샨(밝은)		
8	تاریک 터리크(어두운)		
9	نزدیک 나즈디크(가까운)		
10	دور 두르(먼)		

Ⅲ. 다음 동사의 명령형 단수와 복수를 쓰시오.

1) خواندن (읽다)

2) دیدن (보다)

3) کردن (…하다)

4) آوردن (가지고 오다)

5) نوشتن (쓰다)

낮말은 새가 듣고 밤말은 쥐가 듣는다.
دیوار موش دارد موش گوش دارد
[디버르 무쉬 더레 무쉬 구쉬 더레]

■ 의례를 중시하는 문화

이란인은 체면을 매우 중요시한다. 이를 느낄 수 있는 대표적인 어휘는 **تعارف** [터어로프]이다. 사전적인 의미는 의례적인 인사, 선물, 상호간의 의례적인 건네는 말 등이다. 이란문화 전반에 걸쳐 근저를 이루어 흔히 '체면차리지 마세요 (**تعارف نکنید**[터어로프 나코니드 / 터어로프 나코닌/])'라는 표현으로 다정함과 손님을 가족처럼 대하는 이란인의 정을 표현한다.

ساعت چند است؟

آقا : ساعت چند است؟

어거: 써아트 찬드 아스트?

خانم : حالا ساعت چهار است.

커놈: 헐러 써아테 처허르 아스트.

آ : ساعت من، سه و نیم است.

어거: 써아테 만 쎄 오 님 아스트.

خ : عجب! لابد ساعت من خراب است.

커놈: 아잡! 러보드 써아테 만 카랍 아스트.

آ : من فردا به ایران می روم.

어거: 만 화르더 베 이런 미라밤.

خ : کی حرکت می کنید؟

커놈: 케이 하라캬트 미코니드?

آ : فردا ساعت هشتِ شب.

어거: 화르더 써아테 하쉬테 샵.

خ : سرِ ساعتِ هشت؟ من برای خداحافظی می آیم.

커놈: 싸레 써아테 하쉬트? 만 바러예 코더허훼지 미어얌.

آ : متشکرم، شما فرودگاه را بلدید؟

어거: 모테솩케람, 쇼머 훠르드거흐 럴 발라디드?

خ : نخیر، بلد نیستم.

커놈: 나케이르, 발라드 니스탐.

남자 : 몇 시입니까?	남자 : 내일 밤 8시.
여자 : 지금 4시 입니다.	여자 : 정각 8시요? 제가 작별인사를 위해 공항으로 갈게요.
남자 : 내 시계는 3시 반입니다.	
여자 : 어머! 틀림없이 제 시계가 고장이네요.	남자 : 감사합니다, 공항을 아세요?
남자 : 저는 내일 이란으로 갈 겁니다.	여자 : 아니요, 모르는데요.
여자 : 언제 출발하세요?	

1단계

단어

ساعت 써아트	시. 시간	نیم 님	반. 1/2
حالا 헐러	지금. 현재	فردا 화르더	내일
خراب است 카럽 아스트	고장나다. 망가지다	حرکت می کنید 하라캬트 미코니드	출발하다 (2인칭복수현재)
عجب 아잡	놀랍다(감탄사)	سرِ ساعت 싸레 써아트	정각. 정각에
برای 바러예	…위하여	خداحافظی 코더허훼지	작별인사
می آیم 미 어야암	가다 (1인칭단수현재)	متشکرم[20] 모테솨케람	나는 감사하다
فرودگاه 훠르드거흐	공항	بلدید[21] 발라디드	당신은 안다
نخیر 나케이르	아니오	نیستم 니스탐	나는 아니다

2단계

문법 알기

1. 시간과 연령

수사의 기수를 활용하여 시간과 나이를 표현한다. ساعت چند است؟ [써아트 찬드 아스트?] (몇 시입니까?)의 물음에 대한 대답은 기수로 한다. 명사 ساعت 뒤에 위치하여 시각을 나타낼 때는 에저훼가 반드시 첨가되어야 한다.

---

[20] 제 2과 문법 알기의 5번 참조.
[21] 제 2과 문법 알기의 5번 참조.

ساعتِ سه و ربع است. [써아테 쎄 오 롭 아스트] (3시 15분입니다)
ساعتِ پنج و ده دقیقه است. [써아테 판조 다흐 다기게 아스트] (5시 10분입니다)
ساعت هفت ربع کم است. [써아테 하프트 롭 캄 아스트] (7시 15분전입니다)
ساعت هشت پنج دقیقه کم است. [써아테 하쉬트 판즈 다기게 캄 아스트] (8시 5분전입니다)
چه ساعتی [체 써아티] (몇 시)
چند ساعت [찬드 써아트] (몇 시간)
ده ثانیه [다흐 써니예] (10초)
سه ساعت [쎄 써아트] (3시간)
ساعت ده شب [써아테 다헤 쉽] (밤 10시)
درست ساعت چهار عصر [도로스트 써아테 처허레 아스르] (정각 오후 4시)
ساعت هفت صبح [써아테 하프테 쉽] (아침 7시)
ساعت یازده بعد از ظهر [써아테 여즈다헤 바드 아즈 조흐르] (오후 11시)
ساعت نه پیش از ظهر [써아테 노헤 피쉬 아즈 조흐르] (오전 9시)

연령을 물을 때는, چند سال دارید؟ [찬드 썰 더리드?] (당신은 몇 살입니까?)의 대답으로 의문사 자리에 기수로 답하고, 동사의 어미를 인칭에 따라 변용하면 된다.

پدر شما چند سال دارد؟ [페다레 쇼머 찬드 썰 더라드?] (당신의 아버지는 몇 살입니까?)
پدرم پنجاه سال دارد. [페다람 판저흐 썰 더라드] (나의 아버지는 50살 입니다)
چند سالش است؟ [찬드 썰레쉬 아스트?] (그는 몇 살입니까?)
شش سالش است. [쉐쉬 설레쉬 아스트] (그는 6살 입니다)

2. 감탄문

감탄문의 감탄사는 چه [체], چقدر [체가드르], عجب [아잡]이 일반적으로 활용된다.
(1) 형용사를 감탄하는 경우: 감탄사 + 형용사 + !
(2) 명사를 감탄하는 경우: 감탄사 + 명사 + 부정관사 ی + !
(3) 절을 감탄하는 경우: 감탄사 + 절 + !

چه خوب! [체 쿱!] (좋다!)
چه نانِ گرم و خوشمزه ای! [체 너네 갸르므 바 코쉬마제이!] (맛있고 따뜻한 빵!)
عجب تند رفت! [아잡 톤드 라프트!] (그는 일찍 갔어!)
چه خانمِ مهربان و زیبایی! [체 커노메 메흐라번 바 지버이!] (아름답고 친절한 여성!)
چه حرفهای عجیبی می زنید! [체 하르프허 예 아지비 미자니드!]
(당신은 이상한 말을 하고 있군요!)
چقدر دیر آمدی! [체가드르 디르 어마디!] (넌 늦은거야!)

3단계 표현 응용

관련 단어

월요일	دو شنبه 도샴베	일요일 아침	یک شنبه صبح 옉샴베 쏩
화요일	سه شنبه 쎄샴베	월요일 정오	دو شنبه ظهر 도샴베 조흐르
수요일	چهار شنبه 처허르샴베	금요일 밤	جمعه شب 좀에 쌉
목요일	پنج شنبه 판즈샴베	목요일 밤	شبِ جمعه 쇄베 좀에
금요일	جمعه 좀에	45분	سه ربع 쎄 롭
토요일	شنبه 샴베	자정	نیمه شب 니메 쌉
일요일	یک شنبه 옉샴베	수요일 밤	چهار شنبه شب 처허르샴베 쌉
그저께	پریروز 파리루즈	오늘밤	امشب 엠쌉
모레	پس فردا 파쓰 화르더	어제밤	دیشب 디쌉
작년	پارسال 퍼르쌀	내년	سال آینده 썰레 어얀데

58 | 꿩먹고 알먹는 이란(페르시아)어 첫걸음

오늘은 무슨 요일입니까?	امروز چه روزیست؟ 엠루즈 체 루지스트?
오늘은 며칠입니까?	امروز چه تاریخیست؟ 엠루즈 체 터리키스트?
올해는 몇 년입니까?	امسال سالِ چندم است؟ 엠썰 썰레 찬돔아스트?

ا – کارخانه تان کی تعطیل است؟

A [커르케턴 케이 타아틸 아스트?] /커르쿠네툰 케이 타아틸레?/

ب‍‌- روزهای جمعه. ما هفته ای پنج روز کار می کنیم.

B [루즈허예 좀에. 머 하프테이 판즈 루즈 커리 미코님] /루저예 좀에. 머 하프테이 판즈 루즈 커르 미코님/

ا – شنبه و جمعه تعطیل است؟

A [샴베 바 좀에 타아틸 아스트?] /샴베 오 좀에 타아틸레?/

ب – بله، شما چند سال دارید؟

B [발레, 쇼머 찬드 썰 더리드?] /발레, 쇼머 찬드 썰 더린?/

ا – من چهل سال دارم. حقوقتان خوب است؟

A [만 체헬 썰 더람. 호구게턴 쿱 아스트?] /만 처르 썰 더람. 호구게툰 쿠베?/

ب – بد نیست. شرکت شما چند نفر کارمند دارد؟

B [바드 니스트. 쉐르캬테 쇼머 찬드 나화르 커르만드 더라드?] /바드 니스. 쉐르캬테 쇼머 찬 나화르 커르만드 더레?/

ا – در حدودِ هزار نفر.

A [다르 호두데 헤저르 나화르] /다르 호두데 헤저르 나화르/

당신의 공장은 언제 쉬나요?
금요일. 우리는 일주일에 5일 일해요.
토요일과 금요일은 쉬나요?
네, 당신은 몇 살이세요?
나는 40살이에요. 당신의 월급은 좋나요?
나쁘지 않아요. 당신의 회사는 직원이 몇 명이에요?
약 1000명.

4단계

문제 풀기

Ⅰ. 다음을 우리말로 옮기시오.

1) یک هفته چند روز است؟
2) یک سال سیصد و شصت و پنج روز است.
3) روز جمعه دبستان تعطیل است.
4) من روزهای جمعه در خانه نیستم.
5) برادر بزرگ شما چند سال دارد؟

Ⅱ. 다음을 이란어로 옮기시오.

1) 나는 23살입니다.

2) 그녀는 13년전 이란으로 갔다.

3) 오후 2시에 그는 집에 없었다.

4) 당신의 시계는 지금 4시 45분입니다.

5) 나의 친구는 작년 한국에 없었다.

Ⅲ. 다음 시간을 이란어의 문자로 쓰시오.

1) 오후 5시   2) 4시 16분   3) 34분 22초   4) 5시 15분전   5) 오전 9시

콩 심은데 콩나고 팥 심은데 팥난다

پسر به پدر می رود

[페사르 베 페다르 미레]

제6과

بلیط

🎧

آقا : سلام خانم، چهار تا بلیط رفت و برگشت برای قطار تهران می خواهم. درجه ی یک لطفاً.

어거 : 쌀럼 커놈, 처허르 터 벨리테 라프토 바르갸쉬트 바러예 가터레 테흐런 미커함. 다라제예 도봄 로트환.

خانم : ببخشید. فقط درجه ی دو داریم.

커놈 : 베바크쉬드. 화가트 다라제예 도 더림.

آقا : چه بد! خیلی خوب. پس همان درجه ی دو را بدهید.

어거 : 체 바드! 케일리 쿱. 파쓰 하먼 다라제예 도 러 베다히드.

خانم : برای چه روزی؟

커놈 : 바러예 체 루지?

آقا : بیست و سوم اسفند ماه.

어거 : 비스토 쎄보메 에스환드 머흐.

خانم : بیست و سوم، ساعت شش و نیم بعد از ظهر.

커놈 : 비스토 쎄봄, 써아테 쉐쉬 니메 바드 아즈 조흐르.

آقا : خیلی خوب است.

어거 : 케일리 쿱 아스트.

خانم : بفرمایید، شماره ی واگن و کوپه روی بلیط نوشته شده است[22]. نیم ساعت قبل از حرکت قطار در ایستگاه راه آهن باشید.

커놈 : 베화르머이드, 쇼머레예 버곤 바 쿠페 루예 벨리트 네베쉬테 쇼데 아스트. 님 써아테 가불 아즈 하라캬테 가터르 다르 이스트거헤 러헤 어한 버쉬드.

آقا : بله، حتماً خیلی ممنون.

어거 : 발레, 하트만 케일리 맘눈.

---

22 과거분사 + be동사의 결합으로 현재완료시제.

남자 : 안녕하세요, 테헤란행 왕복표 4장 일등석으로 원합니다.
여자 : 죄송합니다. 2등석만 있는데요.
남자 : 이걸 어쩌나![23] 좋아요. 그럼 그 2등석을 주세요.
여자 : 며칠 것으로?
남자 : 에스판드 월(月) 23일.
여자 : 23일 오후 6시반(표입니다).
남자 : 네 좋습니다.
여자 : 자 여기 있습니다. 기차 칸과 좌석번호는 표에 써 있습니다.
　　　　출발시간 30분전까지 역에 도착해야 합니다.
남자 : 네, 반드시 대단히 감사합니다.

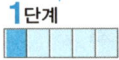

단어

بليط 벨리트	표	رفت و برگشت 라프토 바르갸쉬트	왕복
نوشته 네베쉬테	쓰여진. 써있는	درجه 다라제	등급. 도(度). 급
همان 하먼	바로 그(것). 바로 저(것)	اسفند 에스환드	이란력 12월(서기력 2월20일-3월20일에 해당)
بعد از ظهر 바아드 아즈 조흐르	오후	شماره 쇼머레	번호. ...번
واگن 버곤	차량. (기차)칸	کوپه 쿠페	칸
حرکت 하라캬트	출발. 움직임	ایستگاه 이스트거흐	역. 정류장
راه آهن 러헤 어한	철도	حتماً 하트만[24]	반드시. 기필코
از 아즈	...로 부터	نیم ساعت 님 써아트	반 시간

---

[23] 직역을 하면, '아 나쁘다!'로 상황이 좋지 않을 경우 사용함.
[24] '탄빈'이라는 발음기호로, 이 부호가 붙으면 '...안/an/'으로 발음하고, 부사가 된다.

2단계 문법 알기

1. 복합명사

두 개의 명사가 연결되어 복합명사가 되는 경우, و [바/va/]라고 하지 않고 [오/o/]로 발음한다. و의 사전적 의미는 '그리고. 과. 더하기'이다.

예를 들면, آب و هوا [어보 하버/āb o havā/] (물과 공기 = 날씨), زن و شوهر [자노 쇼하르/zan o shohar/] (아내와 남편 = 부부)가 된다.

رفت و برگشت = رفت + برگشت (왕복)

[라프트 오 바르갸쉬트/raft o bargasht/ = 라프트/raft/ + 바르갸쉬드/bargasht/] (가기와 돌아옴 = 왕복)

2. 지시사의 강조

지시사 این [인/in/], آن [언/ān/]과 هم [함/ham/]이 결합되면 강조의 의미가 되고, این + هم = همین [하민/hamin/], آن + هم = همان [하면/hamān/]이 되어 그 의미는 '바로 이 (것)', '바로 그(것), 저(것)'이다.

3. 현재완료형

현재완료는 과거분사와 بودن 동사의 현재형 3종류의 하나인, ام، ای، است، ایم، اید، اند를 인칭에 따라 선택하여 연결하면 된다. 이 시제는 영어의 활용과 같이 경험, 계속, 결과, 현재 행위가 이루어진 완료 상태와 더불어 과거에 걸쳐 현재에 지속되는 상태를 기술하거나 유명인의 말을 언급할 때 쓰인다.

예를 들면, کردن → 과거분사 = 과거어근 + ه = کرده

현재완료 긍정형 = 과거분사 + بودن의 현재형

	단수	복수
1인칭	کرده ام = کرده + ام [캬르데 암 /karde+am/]	کرده ایم = کرده + ایم [캬르데 임 /karde+im/]
2인칭	کرده ای = کرده + ای [캬르데 이 /karde+i/]	کرده اید = کرده + اید [캬르데 이드 /karde+id/]
3인칭	کرده است = کرده + است [캬르데 아스트 /karde+ast/]	کرده اند = کرده + اند [캬르데 안드 /karde+and/]

예를 들면,

- من تهران را دیده ام.

(나는 테헤란을 본 적이 있다.) 경험

- این کتاب بارها در ایران به طبع رسیده است.

(이 책은 이란에서 여러 번 인쇄되고 있다.) 지속

- ابن سینا اغلب کتابهای خود را به زبان عربی نوشته است.

(이븐 씨너는 자기 저서들을 아랍어로 써 놓았다.) 완료와 지속

- کتاب من گم شده است.

(내 책을 없어졌다.) 결과

- فردوسی گفته است....

(훼르도씨가 말하기를....) 지속

4. بودن 동사의 명령형

이란어 be동사인 **بودن** 동사는 현재어근이 **باش**이다. 명령형은 명령. 가정의 접두사 **ب**를 취하지 않는 예외 동사이다. 명령형 단수는 **باش** [버쉬/ 비랑/]이고, 복수는 2인칭 복수 어미는 연결되어, **باشید** [버쉬이드/ 비랑d/]로 활용한다.

5. 이란력의 12개월

이란은 3종류의 역(曆)을 사용한다. 이란력과 이슬람력과 서기력이다. 이란력은 이슬람양력으로도 설명할 수 있으며, 1년은 12개월로 1월부터 6월까지는 31일씩이고, 그 다음 5개월은 30일씩이고, 나머지 1달은 즉, 12월은 평년일 경우 29일, 4년마다 오는 윤년은 30일이다. 이란력의 새해 설날은 춘분을 기점으로 한다. 그러므로 3월 21일이 새해 첫날이다. 이란력은 서기력에서 621년을 빼면 햇수로 환산이 되지만 개월은 차이가 있을 수 있다.

1월	فروردين 화르바르딘/farvardin/	서기력 3월 21일 - 4월 20일
2월	ارديبهشت 오르디베헤쉬트/ordibehesht/	서기력 4월 21일 - 5월 21일.
3월	خرداد 코르더드/khordād/	서기력 5월 22일 - 6월 21일
4월	تير 티르/tir/	서기력 6월 22일 - 7월 22일
5월	مرداد 모르더드/mordād/	서기력 7월 23일 - 8월 22일
6월	شهريور 쇠흐리바르/shahrivar/	서기력 8월 23일 - 9월 22일
7월	مهر 메흐르/mehr/	서기력 9월 23일 - 10월 22일
8월	آبان 어번/ābān/	서기력 10월 23일 - 11월 21일
9월	آذر 어자르/āzar/	서기력 11월 22일 - 12월 21일
10월	دى 데이/dei/	서기력 12월 22일 - 1월 20일
11월	بهمن 바흐만/bahman/	서기력 1월 21일 - 2월 19일
12월	اسفند 에스환드/esfand/	서기력 2월 20일 - 3월 20일

6. 부사

이란어의 순수한 부사는 비교적 적은 편이다. 명사. 형용사를 부사로 사용하기도 하고, 전치사로 된 부사구와 아랍어에서 차용한 부사를 활용하기도 한다. 의미에 의해 분류되며, 주) 21에서 설명하였듯이, 탄빈/tanvin/ 부호를 가진 어휘는 아랍어 차용어로서 부사의 기능만 한다.

7. 시각과 시간. 량의 표시

수사가 명사 앞에 오는 경우는 시간과 량을 나타내고, 명사 뒤에 오는 경우는 소유의 관계로 에저훼를 동반하며 시각과 그 시점이나 자체를 지칭한다.

예를 들면,

دو ساعت [도 써아트/do sā'at/] (두 시간) : ساعتِ دو [써아테 도/sā'at e do/](2시)

سه بليط [쎄 벨리트/se belit/] (표 3장) : بليطِ سه [벨리테 쎄/belit e se/](세번째 표)

표현 응용 🎧

관련 단어

자동차	اتومبيل 오토모빌	버스	اتوبوس 오토부쓰
미니버스	مينى بوس 미니부쓰	택시	تاكسى 턱씨
천장덮개가 있는 화물차	وانت 버네트	자전거	دوچرخه 도차르케
여객선. 큰 배	كشتى 케쉬티	보트	قايق 거예그
트럭	كاميون 컴욘	오토바이	موتور سيكلت 모토르씨클레트
기차	قطار 가터르	지하철	مترو 메트로
비행기	هواپيما 하버페이바	헬리콥터	هليكوپتر 헬리쿱테르

ا – ببخشید آقا، من می خواهم به ایران بروم. بلیط دارید؟

A [베바크쉬드 어거, 만 미커함 베 이란 베라밤. 벨리트 더리드?] /베바쉰 어거, 만 미컴 베 이런 베람. 벨리트 더린?/

ب – بله، دارم. از دفترِ هواپیمایی بخرید.

B [발레 더람. 아즈 타프타레 하버페이머이 베카리드] /발레 더람. 아즈 타프타레 하버페이버이 베카린/

پ – جا رزرو کردید؟

C [저 레제르브 캬르디드?] /저 레제르브 캬르딘?/

ا – از کره تا ایران چند ساعت طول می کشد؟

A [아즈 코레 터 이런 찬드 써아트 툴 미케쇼드?] /아즈 코레 터 이런 찬 써아트 툴 미케쉐?/

پ- تقریباً ده ساعت طول می کشد.

C [타그리반 다르 써아트 툴 미케쇼드] /타그리반 다흐 써아트 툴 미케쉐/

ا – مرسی، زحمت دادم.

A [메르씨, 자흐마트 더담] /메르씨 자흐마트 더담/

پ – خواهش می کنم. سفر بخیر!

C [커헤쉬 미코남. 싸화르 베케이르!] /커헤쉬 미코남. 싸화르 베케이르!/

A – 실례합니다(남자에게), 저는 이란에 가고 싶은데요. 표 있나요?
B – 네, 있어요. 항공사무소로 가서 사세요.
C – 좌석을 예약하셨나요?
A – 한국에서 이란까지 몇 시간 걸리나요?
C – 대략 10시간 걸려요.
A – 감사합니다, 폐를 끼쳤네요.
C – 천만에요. 좋은 여행되세요!

4단계

문제 풀기

I. 다음 문장을 우리말로 옮기시오.

1) پسر از دختر بزرگتر است.

2) این کار آسانتر از آن است.

3) اسم پدر شما چیست؟

4) این درس خیلی مشکل است.

5) دوست من از آن مغازه سه کیلو سیب خرید.

6) ساعت دو و نیم است.

7) به بازار نرفتم.

8) ناهار خوردید؟ بله. زیاد خوردم.

9) آنها پنج سال در آنجا نبودند.

10) مادر حَسَن ساعت هفت بعد از ظهر به خانه برگشت.

II. 다음을 이란어로 옮기시오.

1) 12시간 2) 5시 3) 아침 6시반

4) 오후 10시 5) 10시간 6) 왕복표 2장

7) 2개월 8) 몇 년 9) 20도

10) 세 권의 책

Ⅲ. 다음 물음에 대한 답을 이란어로 쓰시오.

1) شما کره ای نیستید؟

2) لطفاً در را باز کنید.

3) می خواهید با من به دانشگاه بروید؟

4) خیلی متشکرم.

5) آیا تو نرفتی؟ چرا؟

> 오늘 할 일을 내일로 미루지 말자
> کار امروز را به فردا میفکن
> [커레 엠루즈 로 베 화르더 마야푸칸]

제7과

خانواده

- اعضای خانواده ی شما چند نفر است؟

아으저예 커네버데예 쇼머 찬드 나파르 아스트?

- خانواده ی من بسیار بزرگ است.
شامل پدربزرگ، مادربزرگ، پدر، مادر، خواهر، برادر و برادرزاده می باشد.

커네버데예 만 베쓰여르 보조르그 아스트.
셔멜레 페다르보조르그, 머다르보조르그, 페다르, 머다르, 커하르, 바러다르 바 바러다르저데 미버샤드.

- خواهر شما ازدواج کرده اند؟

커하레 쇼머 에즈데버즈 캬르데 안드?

- نه، ایشان هنوز مجرد هستند.

나, 이션 하누즈 모자라드 하스탄드.

- شما ازدواج کرده اید؟

쇼머 에즈데버즈 캬르데 이드?

- بله، من دو سال پیش ازدواج کرده و یک دختر دارم.

발레, 만 도 썰레 피쉬 에즈데버즈 캬르데 바 옉 도크타르 더람.

- (당신) 가족은 몇 명이세요?
- 우리는 대가족입니다.
  할아버지, 할머니, 아버지, 어머니, 언니, 남동생 그리고 조카들도 있습니다.
- 언니는 결혼했습니까?
- 아니요. 아직 미혼입니다.
- 당신은 결혼했습니까?
- 네. 2년 전에 결혼해서 딸이 하나 있습니다.

1단계

단어

بسیار 베쓰여리	매우	پدربزرگ 페다르 보조르그	할아버지
خواهر 커하르	여자형제	برادر 바러다르	남자형제
ازدواج کردن 에즈데버즈 캬르단	결혼하다	هنوز 하누즈	아직
پیش 피쉬	전에	اعضا 아으저	구성원들
ایشان 이션	그들. 그녀들	مادر بزرگ 머다르 보조르그	할머니
برادرزاده 바러다르저데	(남자형제의 아이) 조카	مجرد 모자라드	미혼의. 독신의. 혼자의
دختر 도크타르	딸. 소녀. 아가씨	شامل...بودن 셔멜레...부단	...을 포함하다

2단계

문법 알기

1. 복수형

이란어의 복수형 어미는 3종류이다. 인간과 동물 즉, 생물에 연결하는 어미 ان... [언/ān/], 사물 즉, 무생물에 연결되는 ها...[허/hā/]과 아랍어에서 차용한 어휘에 적용되는 ات.. [어트/āt/]이다.

단, 신체 기관 중 손, 발, 눈, 귀, 입술 등과 같이 2개 이상을 가진 경우와 자생하거나 식물에는 ان...을 활용하기도 한다.

현대 이란어는 복수형 어미를 엄밀하게 적용하기보다는, 구분없이 ها...를 더 많이 활용하는 추세이다.

예를 들면,

دختر + ان.../ ها = دختران / دخترها

[도쿠타르+언/허 = 도쿠타런/도쿠타르허] (딸들. 소녀들. 아가씨들)

پسر + ان... / ها.. = پسران / پسرها

[페사르+언/허 = 페사런/페사르허] (아들들. 소년들)

لب + ها / ان... = لب ها / لبان

[랍+허/언 = 랍허/라번] (입술들)

درخت + ان... / ها = درختان / درختها

[데라크트+언/허 = 데라크턴/데라크허] (나무들)

اطلاع + ات = اطلاعات [엘테러어트+어트 = 엘테러어트] (정보)

انتخاب + ات = انتخابات [엔테컵+어트 = 엔테커버트] (선거. 선택)

2. 명령형 (2)

동사의 어근이 آ، اَ، اُ로 시작하는 경우, 자음 ی [예/ye/]가 첨가되고, اَ와 اُ는 탈락이 되어 자음 ی에 본래의 발음인 [a]와 [o]가 붙어 یَ [ya]와 یُ [yo]로 발음된다. 부정형은 명령접두사 대신 부정접두사 ن [나/na/]를 붙이면 명령형 부정이 된다. 모음과 모음이 결합되는 발음이므로 자음 ی는 긍정형과 동일하게 부정접두사와 현재어근 사이에 넣어야 음절이 성립된다.

آوردن [어바르단/āvardan/] (가지고 오다) → 현재어근 آر = آور [어바르 = 어르]

انداختن [안더크탄/andākhtan/] (던지다) → 현재어근 انداز [안더즈]

افتادن [오프터단/oftādan/] (떨어지다. 빠지다) → 현재어근 افت [오프트]

긍정형

단수	복수
ب + یَ + آور(آر) = بیاور(بیار) 베여바르(베여르) → [비어바르(비어르)] /beyāvar(beyār)/ → /biāvar(biār)/	ب + یَ + آور(آر) + ید = بیاورید(بیارید) 베여바리드(베여리드) → [비어바리드(비어리드)] /beyāvarid(beyārid)/ → /biāvarid(biārid)/
ب + یَ + نداز = بیَنداز 베얀더즈/beyandāz/	ب + یَ + نداز + ید = بیَندازید 베얀더지드/beyandāzid/
ب + یُ + فت = بیُفت 베요프트/beyoft/	ب + یُ + فت + ید = بیُفتید 베요프티드/beyoftid/

부정형

단수	복수
ن + ی + آور(آر) = نیاور(نیار) 나여바르(나여르) /nayāvar(nayār)/	ن + ی + آور(آر) + ید = نیاورید(نیارید) 나여바리드(나여리드)/nayāvarid(nayārid)/
ن + یَ + نداز = نیَنداز 나얀더즈/nayandāz/	ن + یَ + نداز + ید = نیَندازید 나얀더지드/nayandāzid/
ن + یُ + فت = نیُفت 나요프트/nayoft/	ن + یُ + فت + ید = نیُفتید 나요프티드/nayoftid/

3. 복합동사의 명령형

در، باز، کردن과 복합된 동사는 명령. 가정접두사를 생략할 수 있다. 또한 전치사 بر와 결합된 복합동사의 명령형에는 보조동사에 접두사 ب...를 붙이지 않는다.

صبر کردن [싸브르 캬르단/sabr kardan/] (기다리다) →

현재어근 صبر کن [싸브르 콘/sabr kon/]

درخواستن [다르 커스탄/dar khāstan/] (원하다. 청하다) →

현재어근 درخواه [다르 커흐/dar khāh/]

برگشتن [바르 갸쉬탄/bar gashtan/] (돌아가다) →

현재어근 برگرد [바르갸르드/bar gard/]

	단수	복수
긍정	صبر کن 싸브르 콘/sabr kon/	صبر کنید 싸브르 코니드/sabr konid/
부정	صبر نکن 싸브르 나콘/sabr nakon/	صبر نکنید 싸브르 나코니드/sabr nakonid/
긍정	درخواه 다르 커흐/dar khāh/	درخواهید 다르 커히드/dar khāhid/
부정	درنخواه 다르 나커흐/dar nakhāh/	درنخواهید 다르 나커히드/dar nakhāhid/
긍정	برگرد 바르 갸르드/bar gard/	برگردید 바르 갸르디드/bar gardid/
부정	برنگرد 바르 나갸르드/bar nagard/	برنگردید 바르 나갸르디드/bar nagardid/

3단계

표현 응용

관련 단어

남편	شوهر 쇼하르	아이. 자식	بچه 밫체
여자. 아내. 부인	زن 잔	아들	پسر 페사르
언니. 여동생. 누나	خواهر 커하르	오빠. 남동생. 형	برادر 바라다르
숙부	عمو 아무	숙모	عمه 암메

외숙모	خاله 컬레	조카	خواهرزاده [25] 커하르저데 برادرزاده [26] 바러다르저데
계부	ناپدری 너페다리	계모	نامادری 너머다리
시어머니	مادر شوهر 머다르쇼하르	장인	پدر زن 페다르 잔
할아버지	پدر بزرگ 페다르 보조르그	할머니	مادر بزرگ 머다르 보조르그
처남	برادر زن 바러다르 잔	처제	خواهر زن 커하르 잔
친척	خویشاوند 키셔반드	친구	دوست 두스트
남자. 사람.	مرد 마르드	부부	زن و شوهر 자노쇼하르
딸	دختر 도크타르	시아버지	پدر شوهر 페다르 쇼하르
장모	مادر زن 머다르 잔	외사촌 [27]	پسر دایی 페사르더이 دختر دایی 도크다르더이
외숙부	دایی 더이	손주(손자. 손녀)	نوه 나베
유모	دایه 더예	지인(知人)	آشنا 어쉐/쉬/너

---

25 여자형제의 자식을 의미함.
26 남자형제의 자식을 의미함.
27 دایی 대신 خاله (이모)를 넣으면 이모의 아들과 딸을 의미함.

ا ‒ شما چند تا بچه دارید؟

A [쇼머 찬드 터 밫체 더리드?] /쇼머 찬 터 밧체 더린?/

ب ‒ من یک پسر و دو تا دختر دارم. شما چطور؟

B [만 옉 페사르 바 도 터 도크타르 더람. 쇼머 체토르?] /만 예 페사로 도 터 도크타르 더람. 쇼머 체토르?/

ا ‒ من مجرد هستم ولی نامزد دارم.

A [만 모자라드 하스탐 발리 남자드 더람] /만 모자라드 하스탐 발리 남자드 더람/

ب ‒ کی عروسی می کنید؟

B [케이 아르씨 미코니드?] /케이 아르씨 미코닌?/

ا‒ دو ماه دیگر.

A [도 머헤 디갸르] /도 머헤 디게/

ب ‒ مبارک باشد!

B [모버라크 버솨드!] /모버라크 버쉐!/

ا ‒ متشکرم، شما عروسی ایرانی را دیده اید؟

A [모테솨케람, 쇼머 아르씨예 이러니 러 디데 이드?] /모테솨케람, 쇼머 아르씨예 이루니로 디딘?/

ب ‒ نخیر، هنوز ندیده ام.

B [나케이르, 하누즈 나디데 암] /나케이르, 하누즈 나디담/

당신은 아이가 몇 이에요?
아들 하나와 딸이 둘 있어요. 당신은?
미혼이에요 그러나 약혼자가 있어요.
언제 결혼하세요?
두 달 후.
축하해요!
감사합니다. 이란인 신부를 본 적 있나요?
아니요, 아직 본 적 없어요.

4단계

문제 풀기

Ⅰ. 다음 문장을 우리말로 옮기시오.

1) آقا و خانم اَمیری زن و شوهر اند.

2) آنها دو بچه دارند.

3) اسم پسر او حُسِین است.

4) مادر بزرگ و پدر بزرگِ حَسَن با آنها زندگی می کنند.

5) نوه ی او در اینجا هست.

Ⅱ. 다음 빈 칸에 의미와 발음을 쓰시오.

①	مادر زن	②	برادر	③	پسردایی
④	دختر عمو	⑤	خواهر زاده	⑥	پدر شوهر
⑦	دختر عمه	⑧	پسر خاله	⑨	خواهرزن

Ⅲ. 다음을 이란어로 옮기시오.

1) 부부는 딸 하나와 아들 하나가 있다.

2) 당신은 아이가 몇 명인가요?

3) 나는 오빠가 둘 있습니다.

4) 시어머니는 집에 가셨다.

5) 그 남자는 외삼촌의 친구입니다.

> # 믿는 도끼에 발등 찍힌다.
> نمک را خوردن، نمکدان را شکستن
> [나마크로 코르단, 나마크두노 쉐캬스탄]

■ **미인에 대한 표현**

미모나 아름다운 자태를 표현할 때는 '달과 같은'이라는 말로, 예부터 내려오는 수사법이다.

او مثل ماه است. [우 메쓸레 머흐 아스트 = 우 메쓸레 머헤] (그녀는 마치 달과 같네요).

마음이 따뜻한 사람에게는 خون گرم [쿤 갸르므] (따뜻한 피)라 하고, 마음이 차고 이성적인 사람에게는 خون سرد [쿤 싸르드] (차거운 피)라 한다.

رنگ سفید

- لباس آن پسر سفید است. این چه رنگی است؟
  레버쎄 언 페사르 쎄피드 아스트. 인 체 랑기 아스트?

- آن صورتی است. پروین پیراهن نارنجی پوشیده است.
  언 쑤라티아스트. 파르빈 피라하네 너렌지 푸쉬데 아스트.

- مغازه تابلوی قشنگ و رنگارنگی داشت.
  از آنجا آقای امیری یک بارانی سیاه و یک جفت جوراب خاکستری رنگ خرید.
  마거제 터블로예 가샹 바 랑거랑기 더쉬트.
  아즈 언저 어거예 아미리 엑 버러니예 씨어흐 바 엑 조프트 주러베 커케스타리 랑 카리드.

- پرچم ایران سه رنگ است : سبز، سفید و قرمز.
  파르차메 이런 쎄 랑 아스트: 싸브즈, 쎄피드 바 게르메즈.

- آسمان چه رنگی است؟
  어쎄먼 체 랑기 아스트?

- آبی رنگ است. رنگ درخت چیست؟
  어비 랑 아스트. 랑게 데라크트 치스트?

- سبز است.
  싸브즈 아스트.

- 저 소년의 옷은 하얀색 입니다. 이것은 무슨 색입니까?
- 그것은 분홍색입니다. 파르빈은 오렌지색 셔츠를 입고 있습니다.
- 상점은 색색의 아름다운 간판을 가지고 있었습니다. 그곳에서 아미리씨는 검은 색 레인코트와 회색 양말 한 켤레를 샀습니다.
- 이란의 국기는 세 가지 색이 있습니다: 녹색, 흰색과 빨간색.
- 저 하늘은 무슨 색입니까?
- 푸른 색입니다. 나무는 무슨 색입니까?
- 녹색입니다.

1단계

단어

نارنجی 너렌지	오렌지색	صورتی 쑤라티	분홍색
مغازه 마거제	상점. 가게	تابلو 터블로	간판. 안내판
جفت 조프트	짝. 한 벌	جوراب 주럽	양말
سفید 쎄피드	하얀색	قرمز 게르메즈	빨간색
پرچم 파르참	깃발	خاکستری 커케스타리	회색
پوشیدن 푸쉬단	입다. 덮다	بارانی 버러니	레인코트
سبز 싸브즈	녹색	آسمان 어쎄먼	하늘
چه رنگی 체 랑기	무슨 색	پروین 파르빈	여자 이름
پیراهن 피러한	상의. 웃옷	امیری 아미리	남자 이름

2단계

문법 알기

1. 현재완료의 부정형

현재완료 부정형은 과거분사에 부정접두사 ن를 첨가한다.

현재완료 부정형 = ن + 현재완료 긍정형

	단수	복수
1인칭	نکرده ام = ن + کرده ام 나캬르데 암 = 나+캬르데암	نکرده ایم = ن + کرده ایم 나캬르데 임 = 나+캬르데임
2인칭	نکرده ای = ن + کرده ای 나캬르데 이 = 나+캬르데이	نکرده اید = ن + کرده اید 나캬르데 이드 = 나+캬르데이드
3인칭	نکرده است = ن + کرده است 나캬르데아스트 = 나+캬르데아스트	نکرده اند = ن + کرده اند 나캬르데 안드 = 나+캬르데안드

2. 복수형(2)

명사의 어미가 묵음의 ه… [에]로 끝나는 생물을 지칭하는 어휘를 복수형으로 변형하는 경우, ه를 گ로 변화시키고, ان…를 연결한다. 예를 들면,

بچه [바체] '아이' → بچگان = ان + بچگ [바체건]

그러나 앞서 설명하였듯이, 복수형 어미 ها를 활용하기도 한다.

بچه ها = ها + بچه [바체허] 단, 복수형 어미를 연결하지 않고 표기한다.

명사의 어미가 ا… [어/ã/] 또는 و… [우/u/]로 끝나는 경우, 자음 ى.. [여/yã/]가 첨가된다. 예를 들면,

گدایان = ان + ى + گدا

[게더연/gedāyān/ = 게더/gedā/ + ㅇ/자음/ + 언/ãn/] (거지들)

دانشجویان = ان + ن + دانشجو

[더네쉬주연/dāneshjuyān/ = 더네쉬/dāneshju/ + ㅇ/자음/ + 언/ãn/] (대학생들)

단, 어미가 و… [우/u/]로 끝나는 일부 명사의 복수어미는 وان… [...오번/ovān/]이 되는 예외가 있다. 예를 들면, بانو

بانوان = ان + بانو [버노번/bānovān/ = 버누/bānu/ + 언/ãn/] (숙녀분들. 귀부인들)

ابروان = ان + ابرو [아브로번/aburovān/ = 아브루/aburu/ + 언/ãn/] (눈썹들)

3단계

표현 응용 🎧

관련 단어

하늘색	آبی 어비	갈색	قهوه ای 가흐베이
검은색	مشکی 메쉬키	진한 색	رنگ تیره 랑게 티레
한가지 색	یک رنگ 예랑	알록달록	رنگارنگ 랑거랑

격자무늬	نقش شطرنجی 나그쉐 쇼트란지	체크무늬	نقش چکر 나그쉐 체크르
땡땡이	خال دار 컬 더르	꽃무늬	گل دار 골더르
감색	سرمه ای 쏘르메이	밝은 색	رنگ روشن 랑게 로샨타르
줄무늬	نقش راه راه 나그쉐 러흐 러흐	크림색	رنگ کرم 랑게 케렘
민무늬	ساده 써데	자주색	ارغوانی 아르가바니

ا- از آنها خوشم نمی آیم. یکی دیگر نشان بدهید. طرح دیگر ندارید؟

A [아즈 언허 코샴 네미어얌. 옉키 디갸르 네숀 베다히드. 타르헤 디갸르 나더리드]
/아즈 우너 코샴 네미엄. 예키 디게 네슌 베딘. 타르헤 디게 나더린?/

ب- طرحِ دیگر نداریم. بفرمایید، این چطور است؟

B [타르헤 디갸르 나더림. 베화르머이드, 인 체토르 아스트?] /타르헤 디게 나더림. 베화르머인, 인 체토레?/

ا- بله، این بد نیست. می توانم سفارش بدهم؟ کی حاضر می شود؟

A [발레, 인 바드 니스트. 미타버남 쎄훠레쉬 베다함? 케이 허제르 미샤바드?]
/발레, 인 바드 니스. 미투남 쎄훠레쉬 베담? 케이 허제르 미쉐?/

ب- بله، هفته ی دیگر.

B [발레, 하푸테 예 디갸르] /발레, 하프테 예 디게/

ا- هفته ی دیگر چه روزی؟

A [하프테 예 디갸르 체 루지?] /하프테 예 디게 체 루지?/

ب- شنبه.

B [샴베] /샴베/

ا- خوب، تا چه ساعتی باز هستید؟

A [쿱, 터 체 써아티 버즈 하스티드?] /콥, 터 체 써아티 버즈 하스틴?/

ب- هر روز از هشتِ صبح تا هشتِ شب باز هستیم. جمعه ها نصف روز. از ظهر به بعد فروشگاه تعطیل است.

B [하르 루즈 아즈 하쉬테 쏩 터 하쉬테 샵 버즈 하스팀. /하르 루즈 아즈 하쉬테 쏩 터 하쉬테 샵 버즈 하스팀/
좀에허 네스풰 루즈. 아즈 조흐르 베 바드 훠루쉬거흐 타아틸 아스트]
/좀에허 네스풰 루즈. 아즈 조흐르 베 바드 훠루쉬거흐 타아틸레/

A – 나는 그것들은 다 좋지 않아요. 다른 것 좀 보여 주세요. 다른 디자인은 없나요?
B – 다른 디자인은 없어요. 자 여기, 이건 어때요?
A – 네, 나쁘지 않네요. 주문할 수도 있나요? 언제 될까요?
B – 네, 다음 주.
A – 다음 주 무슨 요일?
B – 토요일.
A – 좋아요, 몇 시까지 여세요?
B – 매일 아침 8시부터 밤 8시까지 엽니다.
　　금요일은 반일(半日). 정오부터 그 뒤로는 닫아요.

4단계

문제 풀기

I. 다음 문장을 우리말로 옮기시오.

1) آقای امیری موهای خاکستری و چشم های قهوه ای دارد.

2) او لاغر است.

3) او هر روز صبح، لباس آبی رنگ را می پوشید.

4) من به پارک نزدیک خانه ی من می روم.

5) در آنجا با خانمِ کیم ورزش می کنم.

II. 다음 빈 칸에 반대말을 쓰시오.

باریک	①	نو	②
روشن	③	چاق	④
کثیف	⑤	بلند	⑥
سفید	⑦	پیر	⑧
قوی	⑨	تنگ	⑩

III. 다음을 이란어로 옮기시오.

1) 저 집은 빨간색입니다.

2) 나는 검은 색 가방과 자주색 가방을 가지고 있었다.

3) 그 소녀의 옷은 알록달록하다.

4) 분홍색 옷을 입은 한 소녀가 있었다.

5) 그것은 무슨 색입니까?

배우는데 늦은 때는 없다

برای یاد گرفتن هیچ وقت دیر نیست

[바러 여드 게레프탄 히치 바그트 디르 니스]

9 الو

- الو، مریم هست؟

알로, 마르얌 하스트?

- بله، شما؟

발레, 쇼머?

- سلام، من کیم دوست مریم هستم. از کره آمدم.

쌀럼, 만 킴 두스테 마르얌 하스타마. 아즈 코레 어마담.

- سلام. گوشی خدمتتان.

쌀럼. 구쉬 케드마테턴.

- الو، بفرمایید مریم هستم.

알로, 베하르머이드 마르얌 하스탐.

- من کیم هستم. سلام. چطوری؟ خوبی؟

만 킴 하스탐. 쌀럼. 체토리? 쿠비?

- خوشوقتم. کی آمدی؟ الان کجایی؟

코쉬바그탐. 케이 어마디? 알런 코저이?

- دیروز دیر وقت رسیدم. در هتل لاله هستم. راستی دیشب شماره تو را اشتباه گرفتم. امروز صبح هم تلفن اشغال بود.

디루즈 디르 바그트 레씨담. 다르 호텔 럴레 하스탐.
러스티 디샵 쇼머레예 토러 에쉬테버흐 게레프탐. 엠루즈 쏩 함 텔레폰 에쉬걸 부드.

- 여보세요. 마르얌 집입니까?
- 네. 누구십니까?
- 안녕하세요. 저는 마르얌의 친구, 김이라고 하는데요. 한국에서 왔는데요.
- 안녕하세요. 잠깐 기다리세요.
- 여보세요. 마르얌 입니다.

- 나 김이야. 잘 지냈니?
- 반갑다. 언제 왔니? 지금 어디에 묵고 있니?
- 어제 늦게 도착했어. 럴레 호텔에 있어. 실은 어제 밤 번호를 잘못 걸었어. 오늘 아침에도 계속 통화 중이었어.

1단계

단어

الو 알로	여보세요	کی 케이	언제
گوشی 구쉬	수화기	خدمت 케드마트	면전. 앞. 시중
خوشوقت 코쉬바그트	기쁜. 행복한	هتل 호텔	호텔
دیشب 디숍	어제밤	دیر 디르	늦은. 늦게
راستی 러스티	정말로. 그런데	اشتباه گرفتن 에쉬테버흐 게레프탄	(전화를) 잘못 걸다
اشغال 에쉬걸	통화중. 통화중의	امروز صبح 엠루즈쏩	오늘 아침

2단계

문법 알기

1. 인칭대명사의 비분리형(2)

인칭대명사의 비분리형은 명사와 동사의 어미에 붙어 소유격이나 목적격으로 활용된다. 비분리형은 강세를 가지고 있지 않다.

명사의 어미가 묵음의 ه …[e]로 끝나는 단어와 연결되는 경우, 단수형은 ام، ات، اش로 묵음의 ه와 연결시키지 않고 쓴다. 복수형은 명사와 분리하여 쓴다. 발음에 복수형에 붙은 ـ은 생략된다.

단수	1인칭	خانه + ا + م = خانه ام 커네/khãne/ + 이응+암/am/ = 커네암/khãneam/
	2인칭	خانه + ا + ت = خانه ات 커네/khãne/ + 이응+아트/at/ = 커네아트/khãneat/
	3인칭	خانه + ا + ش = خانه اش 커네/khãne/ + 이응+에/아/쉬/e/a/sh/ = 커네아/에/쉬/khãnee/a/sh/
복수	1인칭	خانه + مان = خانه مان 커네/khãne/ + 먼/mãn/ = 커네먼/khãnemãn/
	2인칭	خانه + تان = خانه تان 커네/khãne/ + 턴/tãn/ = 커네턴/khãnetãn/
	3인칭	خانه + شان = خانه شان 커네/khãne/ + 션/shãn/ = 커네션/khãneshãn/

명사의 어미가 ا와 و로 끝나는 경우, ی를 첨가하고 비분리 인칭대명사를 붙인다. 예를 들면,

پایم [퍼얌/pãyam/] (나의 발),

مویش [무야쉬/muya/e/sh/] (그/그녀/의 머리카락),

دستهایشان [다수트허예션/dasthãyeshãn/] (그들의 손들)

명사가 형용사를 수식하는 경우, 형용사에 비분리형이 연결된다. 예를 들면,

خانه ی بزرگت [커네예 보조르갸트/khãne ye bozorgat/] (너의 큰 집)

ساعت کوچکتان [써아테 쿠체케턴/sã'at e kucheketãn/] (당신의 작은 시계)

3단계

표현 응용 🎧

관련 단어

휴대폰	تلفن همراه 텔레포네 함러흐	전화카드	کارت تلفن 커르테 텔레폰
공중전화	تلفن عمومی 텔레포네 오무미	팩스	فاکس 팍쓰
전화줄	سیم 씸	전화번호	شماره ی تلفن 쇼머레예 텔레폰
전화국	شرکت مخابرات 쉐르캬테 모커베러트	(전화선을)연결	وصل بودن 바쓸 부단
전화선	خط تلفن 캬테 텔레폰	(팩스 서류등을) 보내다	ارسال کردن 에르썰 캬르단
(통화가능) 신호음이 울리다	بوق آزاد زدن 부게 어저드 자단	접속하다	تماس گرفتن 타머쓰 게레프탄

ا- الو الو

A [알로 알로] /알로 알로/

ب- الو بفرمایید.

B [알로 베화르머이드] /알로 베화르머인/

ا- آقای اَفشار تشریف دارند؟

A [어거예 아푸셔르 타쉬리프 더란드?] /어거예 아프셔르 타쉬프 더란?/

ب- نخیر، نیستند، جنابعالی؟

B [나케이르, 니스탄드, 제넙얼리?] /나케이르, 니스탄, 제넙얼리?/

ا- من کیم هستم. کی تشریف می آورند؟

A [만 킴 하스탐. 케이 타쉬리프 미어바란드?] /만 킴 하스탐. 케이 타쉬리프 미어란?/

ب‌ـ شب خانه هستند. پیغامی دارید؟

B [샵 커네 하스탄드. 페이거미 더리드?] /샵 쿠네 하스탄. 페이거미 더린?/

ا‌ـ نه، سپاسگزارم. شب بعد از ساعتِ نه خودم تلفن می کنم.

A [나, 쌔퍼스고저람. 샵 바드 아즈 써아테 노흐 코담 텔레폰 미코남]
  /나, 쌔퍼스고저람. 샵 바드 아즈 써아테 노 코담 테레폰 미코남/

A - 여보세요 여보세요
B - 여보세요 말씀하세요.
A - 아프셔르씨 계신가요?
B - 아니오. 없는데요, 댁은?
A - 저는 김입니다. 언제 오실까요?
B - 밤에는 집에 있을겁니다. 전할 말씀이 있습니까?
A - 아니오, 감사합니다. 밤 9시 이후에 제가 전화하겠습니다.

4단계

문제 풀기

Ⅰ. 다음을 우리말로 옮기시오.

1) الو فرشته خانم ؟

2) بله، بفرمایید.

3) من کیم هستم.

4) آقای کیم؟ خدا بد ندهد. صدایتان گرفته است.

5) مثل اینکه سرما خورده ام. گلویم خیلی درد می کند.

6) پس بهتر است به دکتر نشان بدهید.

7) بله، لطفاً به دکتر علی بگویید که من به کلاسِ امروز نمی آیم.

8) چشم، حتماً می گویم. مواظب خودتان باشید.

9) خیلی ممنونم.

10) خواهش می کنم.

Ⅱ. 다음을 이란어로 옮기시오.

1) 여보세요? 아미르니?

2) 아닙니다. 번호를 잘못 걸으셨네요.

3) 대단히 죄송합니다.

4) 천만에요.

5) 제발, 저것을 보세요.

Ⅲ. 다음 빈 칸의 비분리 인칭대명사를 올바르게 쓰시오.

1) شهرِ ما = (　　　)　　2) منزلِ شما = (　　　)

3) گربه ی آنها = (　　　)　　4) اداره ی من = (　　　)

5) میوه ی تو = (　　　)　　6) موی او = (　　　)

쏟은 물은 주어 담을 수 없다.

آب از جوی رفته دیگر باز نگردد.

[업 아즈 주 라프테 디게 버즈 나갸르데]

■ 현세에 관대한 이란인

'현세에 집착하지 말고 내세를 믿어라'라는 표현은 종교인들만의 정신이 아니다. 이란인들은 예부터 많은 시인들이 '현세에서 관용을 베푼 사람은 천국에 간다'라고 읊었듯이, سخاوتمند [쎄커바트만드] (관대한), بخشندگی [바크샨데기] (너그러움, 아량, 관대함)이야말로 최대의 미덕으로 안다.

بیماری

🎧

- حسن آقا، چی شده؟ چرا رنگ شما پریده؟ کسالت دارید؟
하싼 어거, 치 쇼데? 체러 랑게 쇼머 파리데? 케쌀라트 더리드?

- از صبح تا حالا سر درد دارم. نزدیک اداره بیمارستان هست؟
아즈 쏩 터 헐러 싸르다르드 더람. 나즈디케 에더레 비머레스턴 하스트?

- آره خدا را شکر، طبقه ی سوم این ساختمان مطب دکتر هست. زود پیش دکتر برو.
어레 코더 러 쇼클, 타바게요 쎄보메 인 써크테만 마타베 독크토르 하스트. 주드 피쉐 독토르 보로.

....

- اولین بارتان است؟ ناراحتی شما چیست؟
아발린 버레턴 아스트? 너러하티예 쇼머 치스트?

- بله، اولین بار من است. سر درد شدید دارم و تب هم دارم.
발레, 아발린 버레 만 아스트. 싸르다르데 샤디드 더람 바 탑 함 더람.

- چند لحظه منتظر بمانید، لطفاً
찬드 라흐제 몬타제르 베머니드, 로트환.

- بفرمایید تو. ناراحتی شما چیست؟
베화르머이드 투. 너러하티예 쇼머 치스트?

- از چند روز پیش بدن من درد می کند و امروز هم تب دارم و هم سردرد شدید.
아즈 찬드 루제 피쉬 바단네 만 다르드 미코나드 바 엠루즈 함 탑 더람 바 함 싸르다르데 샤디드.

- پس دمای بدن و فشار خون شما را می گیرم.
파쓰 다마예 바단 바 훼셔레 쿠네 쇼머 러 미기람.

- کمی تب دارید. فشار خون شما خوب است.
پیراهن را بالا بزنید. نفس عمیق بکشید. بله، خوب است.
캬미 탑 더리드. 훼셔레쿠네쇼머쿠브아스트.
피러한러 벌러 베자니드. 나파쎄아미그베케쉬드. 발레, 쿠브아스트.

- نگران نباشید. چیز مهمی نیست.
فقط یک سرماخوردگی ساده است. نسخه را بگیرید و آمپول هم دارید.
네갸런 나버쉬드. 치제 모헴미 니스트. 화가트 옉 싸르머코르데기예 써데 아스트. 노스케 러 베기리드 바 엄플 함 더리드.

| 91

- 하산씨, 얼굴이 창백해요. 어디 불편하세요?
- 아침부터 계속 머리가 아픕니다. 사무실 근처에 병원이 있습니까?
- 다행히 이 건물 3층에 내과가 있습니다. 어서 가보세요.
- 처음 오셨습니까? 어디 불편하세요?
- 네. 처음 왔습니다. 머리가 너무 아프고, 열이 있어요.
- 잠시만 기다리세요.

....

- 들어오세요. 어디가 불편하십니까?
- 며칠 전부터 몸이 좋지 않습니다. 그런데 오늘은 열이 있고, 머리가 매우 아픕니다.
- 그럼. 체온과 혈압을 재 보겠습니다.
  열이 좀 있군요. 혈압은 괜찮습니다. 셔츠를 올려 보세요. 숨을 깊이 쉬세요. 네 좋습니다.
- 걱정하지 마세요. 별 일 아니에요. 가벼운 감기일 뿐 입니다. 처방전을 받아 가세요 그리고 주사도 있습니다.

1단계

단어

پریدن 파리단	날아가다. (색이) 바래다	کسالت 케썰라트	가벼운 병. 언짢은 일. 심신이 불편함
درد داشتن 다르드 더쉬탄	고통을 가지고 있다. 아프다	خدا را شکر 코더 러 쇼클	신에게 감사하다는 말. 신이여 감사합니다
طبقه 타바게	(건물의) 층.	مطب 마탑	진료소. 진료실
پیشِ 피쉐	...한테. ...에게. ...로	ناراحتی 너러하티	불편함. 고통
سر درد 싸르다르드	두통	شدید 쇼디드	격한. 심한. 극렬한. 강렬한

تب 탑	열	منتظر ماندن 몬타제르 먼단	기다리다.
بدن 바단	신체. 몸	هم ...و ...هم... 함...바...함...	...도 ...도
دمای بدن 다머예 바단	체온	فشار خون 훼셔레 쿤	혈압
پیراهن 피러한	상의. 웃옷	بالا زدن 벌러 자단	위로 올리다
نفس عمیق کشیدن 나파쎄아미그 케쉬단	숨을 깊이 쉬다	نگران بودن 네갸런 부단	염려하다. 걱정하다
سرما خوردگی 싸르머 코르데기	감기	ساده 써데	단순한. 간단한.
نسخه 노스케	처방전	آمپول 엄풀	주사. 앰플

2단계

문법 알기

1. 수사(서수)

서수는 서열을 지칭하는 것으로, 기수 + مُ = 서수가 된다. 예를 들면,

		기수	서수
1	۱	یک	یک + م = یکُم/ اول 옉+옴 = 옉콤 / 아발
2	۲	دو	دو + م = دوُم 도+옴 = 도봄
3	۳	سه	سه + م = سُوم 쎄+옴 = 쎄봄

4	٤	چهار	چهار + م = چهارُم 처허르 + 옴 = 처허롬
27	٢٧	بیست و هفت	بیست و هفت + م = بیست و هفتُم 비스토하프트 + 옴 = 비스토하프톰
100	١٠٠	صد	صد + م = صدم 싸드 + 옴 = 싸돔
1000	١٠٠٠	هزار	هزار + م = هزارم 헤저르 + 옴 = 헤저롬

2. بودن 동사의 명령형 부정

일반 동사의 명령형은 명령과 가정을 나타내는 접두사 ب를 반드시 넣어야 하지만, 앞서 설명하였듯이 بودن는 현재어근을 그대로 명령형 단수가 된다. 부정형은 긍정형에 부정접두사 ن만 붙이면 명령 부정형이 된다.

	단수	복수
بودن (باش)	ن + باش = نباش 나버쉬 = 나 + 버쉬/nabāsh = na + bāsh/	ید.. + باش + ن = نباشید 나버쉬드 = 나 + 버쉬 + ..이드 /nabāshid = na + bash + id/

3. 문형

이란어의 문형은 한국어와 동일하다.

1) 주어 + 보어 + 술어

این کتاب است. [인 케텁 아스트/in ketāb ast/] (이것은 책이다)

2) 주어 + 목적어 + 술어

من کتاب دارم. [만 케텁 더람/man ketāb dāram/] (나는 책을 가지고 있다)

3) 주어 + 직접목적 + 간접목적 + 술어

من این کتاب را به شما می دهم = من به شما این کتاب را می دهم.

[만 인 케텁 러 베 쇼머 미다함/man in ketāb rā be shomā midaham/ =
만 베 쇼머 인 케텁 러 미다함/man be shomā in ketāb rā midaham/]

(나는 이 책을 당신에게 줍니다 = 나는 당신에게 이 책을 줍니다)

4) 주어 + (시간)부사 + (장소)부사 + 술어

من امروز به بازار می روم.

[만 엠루즈 베 버저르 미라밤/man emruz be bāzār miravam/]

(나는 오늘 시장에 갑니다)

복문의 문형은 영어와 동일하지만, 절의 문형은 위와 동일하다.

می دانم که شما ایرانی هستید.

[미더남 케 쇼머 이러니 하스티드/midānam ke shomā irāni hastid/]

(나는 당신이 이란인이라는 것을 안다)

چون هوا سرد بود بیرون نرفتم.

[춘 하버 싸르드 부드 비룬 나라프탐/chun havā sard bud birun naraftam/]

(날씨가 추웠기 때문에 나는 밖에 나가지 않았다)

4. 비분리 인칭대명사의 기능

비분리 인칭대명사가 동사에 붙으면 목적어가 된다.

زدمش = من او را زدم. [자다메쉬 = 만 우 러 자담] (나는 그를 때렸다)

دیدمشان = من آنها را دیدم. [디다메션 = 만 언허 러 디담] (나는 그들을 보았다)

آوردمش = من آن را آوردم. [어바르다메쉬 = 만 언 러 어바르담] (나는 그것을 가져왔다)

비분리 인칭대명사가 명사나 형용사에 붙으면, 전치사 به와 목적격 조사 را를 대신한다.

نانم بده = به من نان بده.
[너남 베데/nānam bedeh/] (나에게 빵을 다오)

دوستت دارم = من تو را دوست دارم.
[두스타트 더람/dustat dāram/] (나는 너를 좋아한다)

خبرشان کردم = من به آنها خبر کردم.
[카바레션 캬르담/khabareshān kardam/] (나는 그들에게 소식을 전했다)

بیرونش کردند = آنها او را بیرون کردند.
[비룬네쉬 캬르단드/birunesh kardand/] (그들은 그를 밖으로 보냈다)

از ایران خوشم آمد [28) = از ایران خوشِ من آمد.
[아즈 이런 코샴 어마드/az irān khosham āmad/] (나는 이란을 좋아했다)

منتظرت بودم = من تو را منتظر بودم.
[몬타제라트 부담/motazerat budam/] (나는 너를 기다렸다)

به خاکش سپردند = آنها او را به خاک سپردند.
[베 커케쉬 쎄포르단드/be khākesh sepordand/] (그들은 그를 매장했다)

구어에서는 비분리 인칭대명사가 전치사에 붙는 경우도 있다.

توش = توی آن [투쉬 = 투 예 언/tush = tu ye ān/] (그 안에, 그 중에)
برات = برای تو [바러트 = 바러 예 토/barāt = barā ye to/] (너를 위해)
ازم = از من [아잠 = 아즈 만/azam = az man/] (나부터)
بش = به او [베쉬 = 베 우/besh = be u/] (그/그녀/에게)
روش = روی آن [루쉬 = 루 예 언/rush = ru ye ān/] (그 위에)
زیرش = زیرِ آن [지레쉬 = 지레 언/ziresh = zir e ān/] (그 아래에)

---

28) 이 동사는 의미상의 주어가 3인칭이므로, 반드시 동사의 어미는 3인칭이 되는 특성을 가지고 있는 비인칭동사이다.

5. 현재완료형의 구어 발음

이란어는 문어와 구어의 발음이 다소 차이가 있다. 현재완료는 행위의 결과를 의미하기 때문에 구어에서는 과거형으로 발음하기도 한다.

کردن의 현재완료형

		문어	구어
1인칭	단수	کرده ام /karde am/ 캬르데 암	کردم /kardam/ 캬르담
	복수	کرده ایم /karde im/ 캬르데 임	کردیم /kardim/ 캬르딤
2인칭	단수	کرده ای /karde i/ 캬르데 이	کردی /kardi/ 캬르디
	복수	کرده اید /karde id/ 캬르데 이드	کردید /kardid/→/kardin/[29] 캬르디드 → 캬르딘
3인칭	단수	کرده است /karde ast/ 캬르데 아스트	کرده /karde/ 캬르데
	복수	کرده اند /karde and/ 캬르데 안드	کردند /kardand/→/kardan/[30] 캬르단드 → 캬르단

[29] 모든 동사의 2인칭 복수형의 구어 발음에 적용된다. 즉, 문어 발음 [이드/id/]는 [인/in/]으로 발음한다.
[30] 모든 동사의 3인칭 복수형의 구어 발음에 적용된다. 즉, 문어 발음 [안드/and/]는 [안/an/]으로 발음한다.

3단계

표현 응용

관련 단어

내과	درمانگاه بیماری های داخلی 다르먼거헤 비머리허예 더켈리	외과	درمانگاه جراحی 다르먼거헤 자러히
산부인과	درمانگاه زنان و زایمان 먼거헤 자넌 바 저예먼	소아과	درمانگاه اطفال و کودکان 다르먼거헤 아트훨 바 쿠다컨
피부과	درمانگاه امراض پوستی 다러먼거헤 암러제 푸스티	심장내과	درمانگاه قلب 다르먼거헤 갈릅
치과	دندان پزشکی 단던 페제쉬키	성형외과	جراحی پلاستیک 자러히예 펠러스틱
신경정신과	درمانگاه مغز و اعصاب 다르먼거헤 마그즈 바 아으썹	피.소변. 변검사	آزمایش خون، ادرار، مدفوع 어즈머예쉐 쿤, 어즈머예쉐 에드러르, 어즈머예쉐 마드푸으
안과	چشم پزشکی 촤쉬므페제쉬키	금식 (아침식사)	ناشتا = صبحانه نخورده 너쉬터 = 씁허네 나토르데
간호사	پرستار 파라스터르	연고	پماد 포머드
골절	پیچ خوردگی 피츠 코르데기	화상	سوختگی 쑤크테기
주사하다.	تزریق کردن 타즈리그 캬르단	엠블란스	آمبولانس 엄불런쓰

처방하다	تجویز کردن 타즈비즈 캬르단	부어오르다	متورم = باد کرده 모타베람 = 버드 캬르데
타박상	ضرب دیدگی 자릅 디데기	(뼈가) 부러짐	شکستگی 쉐캬스테기
약	دوا = دارو 다버 = 더루	알약	قرص 고르쓰
붕대	باند پیچی 번드 피치	솜	پنبه 팜베[31]
반창고	چسب زخم 차쓰브 자크므	소독제(수)	مایع ضد عفونی کننده 머예에 젠데 오푸니코난데
체온계	درجه 다라제	혈압기	دستگاه اندازه گیری فشار خون 다스트거헤 안더제 기리예 훼셔레 쿤
청진기	گوشی پزشکی 구쉬 페제쉬키	(벌레에) 물림	گزیدگی 갸지데기

بیمار- این دندانم خیلی درد می کند.

비머르- [인 단더남 케일리 다르드 미코나드]

دندان پزشک- دهنتان را بیشتر باز کنید، ببینم، کدام یکی؟

단던 패제쉬크- [다하네턴 러 비쉬타르 버즈 코니드, 베비남, 코덤 액키?]
/다하네툰 러 비쉬타르 버 코닌, 베비남, 코둠 예키?/

ب- این یکی، اینجا.

비- [인 옉키, 인저] /인 예키, 인저/

د- بله، کرم خورده. باید بکشید. چهار تا را هم باید پر کنید.

단- [발레, 케르므 코르데. 버야드 베케쉬드. 처허르 터 러 함 버야드 포르 코니드]
/발레, 케르므 코르데. 버야드 베케쉰. 처르 터 러 함 버야드 포르 코닌/

ب- هر کاری می کنید زودتر دکتر.

비- [하르 커리 미코니드 주드타르 독토르] /하르 커리 미코닌 주드타르 독토르/

---

[31] 유성음화현상으로 ب 앞에 오는 ن은 [므/m/]가 된다.

د- امروز دندانِ کرم خورده را می کشم. برای پر کردنِ بقیه ی دندانها هم وقت بگیرید.

단- [엠루즈 단더네 케르므 코르데 러 미케샴. 바러예 포르 캬르다네 바기예 예 단던허 함 바그트 베기리드] / 엠루즈 단두네 케르므 코르데 러 미케샴. 바러 포르 캬르다네 바기예예 단둔허 함 바그트 베기린/

ب- حتماً

[하트만] /하트만/

환자 – 이 이가 너무 아파요.
치과의사 – 입을 좀더 벌리세요. 보겠어요. 어느 것인지?
환자 – 이것, 여기.
치과의사 – 네, 벌레 먹었네요. 뽑아야겠어요. 치아 4개도 메꿔야겠어요.
환자 – 선생님 하는대로 빨리 해주세요.
치과의사 – 오늘은 충치를 뽑겠어요. 나머지 치아를 메꾸기 위해서는 시간을 예약해 주세요.
환자 – 반드시 그렇게 하겠어요.

4단계

문제 풀기

Ⅰ. 다음을 우리말로 옮기시오.

1) سرم درد می کند.

2) تب هم دارید؟ بله، و سرم سنگین است.

3) داروخانه کجاست؟

4) دوای سرماخوردگی می خواهید؟

5) اشتها ندارم.

Ⅱ. 다음을 이란어로 옮기시오.

1) 씨어마크 (سیامک)는 기침과 재채기를 해요.

2) 목도 아파요.

3) 눈물과 콧물이 나요.

4) 푸얀 (پویان)은 상한 음식을 먹었어요.

5) 그는 식중독이에요.

Ⅲ. 다음 동사의 명령형(단수와 복수)의 긍정과 부정을 쓰시오.

1) نوشتن (نویس)

2) شدن (شو)

3) شستن (شو)

4) پوشیدن (پوش)

5) دیدن (بین)

김치국 마시기

جوجه را آخر پاییز می شمارند.

[주제 로 어캬레 퍼이즈 미쇼머란]

■ 이란의 국기(國技)

زورخانه [주르커네]는 이란고유의 전통적인 체조로, 11세기 고전시의 리듬에 맞춰 연습으로 체력을 단련하는 운동으로 우리의 씨름과 같다.

제11과

خوشمزه است

- ایرانی ها به غذا و طعم آن زیاد توجه می کنند و دوست دارند غذا چرب، خوشمزه و جا افتاده باشد.
  이러너허 베 가저 바 타으메 언 지여드 타바조흐 미코난드 바 두스트 더란드 가저 차르브, 코쉬마나크 바 저 오프터데 버쇼드.

- ایرانی ها در پختن غذاها از ادویه استفاده می کنند.
  이러니허 다르 포크다네 가저허 아즈 아드비예 에스테훠데 미코난드.

- ادویه انواع مختلفی دارد و هر یک از آنها بو، مزه و رنگ خاصی دارند.
  아드비예 안버에 모크탈레피 더라드 바 하르 엑 아즈 언허 부, 마제 바 랑게 커씨 더란드.

- غذای ایرانی مدت پختن طولانی دارد.
  가저예 이러니 모닫테 포크탄 투러니 더라드.

- ولی امروزه غذاهای فرنگی در ایران طرفداران زیادی دارد.
  발리 엠루제 가저허예 화랑기 다르 이런 타라프더러네 지여디 더라드.

- بعضی از غذاهای فرنگی خیلی زود آماده می شوند و از این رو، افراد مجرد، دانشجویان و بچه ها به این نوع غذاها علاقه مند اند.
  바아지 아즈 가저헝케 화랑기 케일리 주드 어머데 미쇼반드 바 아즈 인 루, 아프러데 모자라드, 더네쉬주연 바 바체허 베 인 노에 가저허 알러게만드 안드.

- 이란인들은 음식과 그 맛에 많은 주의를 기우리고 기름지고 맛이 적절하고 간이 잘 든 음식을 좋아한다.
- 이란인들은 음식을 만드는데 향료를 사용한다.
- 다양한 종류의 향료가 있고 향료는 저마다 독특한 냄새와 맛과 색을 가지고 있다.
- 이란 음식은 요리하는 시간이 길다.
- 그러나 요즈음 이란에는 서양 음식을 좋아하는 사람들이 많다.
- 대부분의 서양 음식들은 매우 빨리 만들수 있다. 그러므로 독신자들이나 대학생들과 아이들이 이런 종류의 음식을 좋아한다.

1단계

단어

غذا 가저	음식	خوشمزه 코쉬마제	맛있는. 좋은 맛
طعم 탐	맛. 미각	توجه کردن 타바조흐 캬르단	주목하다. 주의하다
چرب 차릅	지방. 기름기	خوش نمک 코쉬 나마크	맛이 적절한.
جا افتاده 저 오프터데	맛이 깃든. 간이 밴	پختن 포크탄	요리하다
ادویه 아드비예	향료. 양념	استفاده کردن 에스테훠데 캬르단	사용하다. 이용하다
انواع 안버으	종류(복수)	مختلف 모크탈레프	다양한. 다른
بو 부	냄새	مزه 마제	맛
خاص 커쓰	특별한. 개인의	طولانی 툴러니	긴
فرنگی 화랑기	유럽의. 서양의	طرفدار 타라프더르	지지자
آماده شدن 어머데 쇼단	준비되다	از این رو 아즈 인 루	그러므로. 그래서
افراد 아프러드	개인(복수)	مجرد 모자라드	독신
علاقه مند 알러게만드	관심있는	نوع 노으	종류(단수)

103

2단계 문법 알기

1. 가정형

가정, 추측, 의혹, 원망, 불확실한 미래를 표현할 때 활용한다. 가정법 현재(= 미래)와 과거(= 완료)형이 있다. 가정법 현재(= 미래)는 접두사 می [mi]를 빼고, 그 대신 명령·가정 접두사 بـ[be]를 넣으면 된다.

가정형 현재(= 미래) = بـ + 현재어근 + 현재형 인칭어미

رفتن [라프탄/raftan/] → 현재어근 رو [라브/rav/] (가다)

	단수	복수
1인칭	بـ + رو + ..م = بروم 베+라브+암 = 베라밤	بـ + رو + ..یم = برویم 베+라브+임 = 베라빔
2인칭	بـ + رو + ..ی = بروی 베+라브+이 = 베라비	بـ + رو + ..ید = بروید 베+라브+이드 = 베라비드
3인칭	بـ + رو + ..د = برود 베+라브+아드 = 베라바드	بـ + رو + ..ند = بروند 베+라브+안드 = 베라반드

가정법 현재는 불확실한 시제를 나타낼 때 활용되며, 그 범위가 넓어 용법을 예로 들면 다음과 같다.

1) 1인칭 복수형을 사용하여, '….하자, 해 보자'를 의미

- ناهار بخوریم.

[너허르 베(보)코림/nāhār be/o/ khorim/] (점심을 먹자)

- به فارسی صحبت کنیم

[베 훠르씨 쏘흐바트 코님/be fārsi sohbat konim/] (이란어로 말하자)

2) 1인칭 단수형을 사용하여, 상대방에게 허락이나 허가를 구하는 경우

'…해도 좋을까요?' 혹은 '…해 할까요?'.

- این روزنامه را بخوانم؟

[인 루즈 너메 러 베커남?/in ruznāme rā bekhānam?/] (이 신문을 읽어도 될까요?)

- آن پنجره را باز کنم؟

[언 판제레 러 버즈 코남?/ān panjere rā bāz konam?/] (저 창문을 열어도 될까요?)

3) 불확실한 미래를 나타내는 경우

- بروم یا نروم.

[베라밤 여 나라밤/beravam yā naravam/] ((나는) 갈까 말까)

- کجا بروم؟

[코저 베라밤?/kojā beravam?/] ((나) 어디 갈까?)

- حالا چه کنم؟

[헐러 체 코남?/hālā che konam?/] ((나) 이제 무엇을 해야할까? = 이제 어떡하지?)

4) 추측을 나타내는 경우, '…일지도 모른다', '…이겠지요'

- ممکن است که بیاید به اینجا.

[몸켄 아스트 비어야드 베 인저/momken ast ke biyāyad be injā/]

(그는 여기로 올지도 모른다 = 그는 이곳으로 올 수도 있다)

- شاید در دانشگاه نباشند.

[셔야드 다르 더네쉬거흐 나버샨드/shāyad dar dāneshgāh nabāshand/]

(아마 그들은 (대)학교에 없을거다)

5) 원함이나 기대를 희망을 나타내는 경우

- امیدوارم شما را زود ببینم.

[오미드버람 쇼머 러 주드 베비남/omidvāram shomā rā zud bebinam/]

((나는) 당신을 빨리 보기를 희망합니다.)

- میل دارم با شما آشنا شوم.

[메일 더람 버 쇼머 어쉐(쉬)너 쏴밤/meil dāram bā shomā āsh/e/nā shavam/]

((나는) 당신과 친해지고 싶습니다.)

- خواهش می کنم کمی آهسته حرف بزنید.

[커헤쉬 미코남 어헤스테 하르프 베자니드/khāhesh mikonam kami āheste harf bezanid/]

((나는) (당신이) 좀 천천히 말해 주십시오.)

- کاش پدرم خوب بشود!

[커쉬 페다람 쿱 베샤바드/kāsh pedaram khub beshavad!/]

((나의) 아버지가 좋아지시면 좋을텐데!)

6) 문장의 구성요소가 절이 되고, '…하기 위해서', '…하도록'의 의미

- تصمیم گرفتم که بمانم.

[타쓰밈 게레프탄 케 베머남/tasmim gereftam ke bemānam/]

((나는) 있기로 결정했다.)

- به او بگویید اینجا بیاید.

[베 우 베구이드 인저 비어이드/be u beguyid injā biāyad/]

((당신은) 그에게 (그가) 여기로 오라고 말하세요.)

- سعی خواهم کرد[32] نامه بنویسم.

[싸이 커함 캬르드 너메 베네비쌈/sa'I khāham kard name benevisam/]

((나는) 편지를 쓰기 위해 노력할 것이다.)

7) 조동사가 있는 절의 본동사에 적용

- آنها نتوانستند پیش من بیایند.

[언허 나타버네스탄드 피쉐 만 비어얀드/ānhā natavānestand pishe man biāyad/]

(그들은 나한테 올 수 없었다.)

---

[32] 완전 미래형. 제 14과 문법 알기 참조.

- می خواهم این کار را انجام بدهید.

[미커함 인 커르 러 안쟘 베다히드/mikhāham in kār rā anjām bedaham/]

((나는) 이 일을 (당신이) 완성하기를 원한다.)

- باید برویم.

[버야드 베라밤/bāyad beravam/] ((나는) 가야만 한다.)

- بگذارید کودکان نزد من بیایند.

[베고저리드 쿠다컨 나즈데 만 비어얀드/begozārid kudakān nazde man biāyand/]

((당신은) 아이들이 나에게 오도록 허락하세요.)

8) اگر [아가르/agar/] 조건절의 동사

- اگر بروید من هم می روم.

[아갸르 베라비드 만 함 미라밤/agar berafvid man ham miravam/]

(만일 (당신이) 간다면 나도 갈 것이다.)

- اگر مریض باشد نخواهد آمد [33].

[아갸르 마리즈 버쇼드 나커하드 어마드/agar mariz bāshad nakhāhad āmad/]

(만일 (그가) 아프다면 (그는) 오지 않을 것이다.)

- اگر وقت داشته باشم [34] به خانه ی شما می آیم [35].

[아갸르 바그트 더쉬테 버솸 베 커네 예 쇼머 미어얌/agar baqt dāshte bāsham be khāne ye shomā miāyam/]

(만일 (내가) 시간이 있다면 당신의 집에 갈 것이다.)

- اگر بیایید چه کنیم؟

[아갸르 비어이드 체 코님?/ agar biyāyid che konim?/]

(만일 당신이 온다면 (우리) 무엇을 해야 할까요?)

---

33 완전미래의 부정형. 제 14과 문법 알기 참조.
34 제 16과 문법 알기 참조.
35 현재형은 가까운 미래의 의미하기도 한다.

9) 접속사 که، تا 와 اینکه برای 의 절에서 활용되고, 의미는 '…하기 위해서'

- به بازار رفتم که کاغذ بخرم.

[베 버저르 라프탐 케 커가즈 베카람/be bāzār raftam ke kāghaz bekharam/]

((나는) 종이를 사기 위해 시장으로 갔다.)

- به ایران رفتم تا شیراز و اصفهان را ببینم.

[베 이런 라프탐 터 쉬러즈 바 에스화헌 러 베비남/be irān raftam tā shiraz va esfahān rā bebinam/]

((나는) 쉬러즈와 에스화헌을 보기 위해 이란으로 갔다.)

- برای اینکه این خبر را زود بدهد، به خانه برگشت.

[바러예 인케 인 카바르 러 주드 베다하드 베 커네 바르갸쉬트/
barāye inke in khabar rā zud bedahad, be khāne bargasht/]

((그는) 이 소식을 빨리 전하기 위해 집으로 돌아갔다.)

- تا [36] شما نگویید من هم حرف نمی زنم.

[터 쇼머 나구이드 만 함 하르프 네미자남/tā shomā naguyid man ham harf nemizam/]

(당신이 말하지 않는 한 나도 말하지 않는다.)

10) 일반적으로 현재와 미래를 나타내는 주절의 동사에 활용하여, بهتر است، بجای اینکه، بدون اینکه، جز اینکه، پیش از آنکه، قبل از آنکه، لازم است که، مجبور است که، قول دادن، فراموش کردن 뒤에 사용한다.

- بهتر است در خانه استراحت کنید.

[베흐타르 아스트 다르 커네 에스테러하트 코니드/behtar ast dar khāne esterāhat konid/]

((당신은) 집에서 쉬는 것이 더 좋다.)

- بهتر است که او را به مدرسه برسانید.

[베흐타르 아스트 케 우 러 베 마드레쎄 베라써 니드/behtar ast ke u rā be madrese berasānid/]

((당신은) 그를 학교로 데리고 가는 것이 더 좋다.)

- پیش از آنکه به کره برگردم خانه را فروختم.

[피쉬 아즈 언케 베 코레 바르갸르담 커네 러 훠루크탐/pish az ānke be kore bargardam khāne rā forukhtam/]

((나는) 한국으로 돌아가기 전에 집을 팔았다.)

---

[36] 종속절과 주절의 동사가 부정일 때는, '…하지 않는 한, …하지 않는다'의 의미임.

- بجای اینکه درس بخواند همیشه بازی می کند.

[베저 예 인케 다르쓰 베카나드 하미쉐 버지 미코나드/bejā ye inke dars bekhānad hamishe bāzi mikonad/]

((그는) 공부하는 대신 매일 논다.)

- واجب است (مجبور است) که او را وعده بگیرم.

[버젭 아스트(마즈부르 아스트) 케 우 러 바으데 베기람/vājeb ast(majbur ast) ke u rā va'de begiram/]

((나는) 그를 초대해야만 한다.)

- قول دادم که دیگر دروغ نگویم.

[골 더담 케 디갸르 도루그 나구얌/qoul dādam ke digar dorugh naguyam/]

((나는) 이제 더 이상 거짓말하지 않는다고 약속했다.)

- فراموش کردیم که پنجره را ببندیم.

[화라무쉬 캬르딤 케 판제레 러 베반딤/farāmush kardim ke panjere rā bebandim/]

((우리는) 창문을 닫는 것을 잊어 버렸다.)

3단계

표현 응용

관련 단어

굽다	کباب کردن = بریان کردن 캬밥 캬르단 = 베르연 캬르단	(맛이) 쓰다	تلخ بودن 탈크 부단
삶다	آب پز کردن 업 파즈 캬르단	달다	شیرین بودن 쉬린 부단
찌다	بخارپز کردن 보커르 파즈 캬르단	맵다	تند بودن 톤드 부단
튀기다	سرخ کردن = تفت دادن 쏘르크 캬르단 = 토프트 캬르단	시다	ترش بودن 토르쉬 부단
잘게 썰다	خرد کردن = ریز کردن 코르드 캬르단 = 리즈 캬르단	짜다	شور بودن 슈르 부단

껍질을 벗기다	پوست کَندن 푸스트 칸단	유제품	لبنیات 라바니여트
불을 줄이다	شعله را کم کردن 숄레 러 캄 캬르단	곡물	غلات 갈러트
소화	هضم 하즈므	콩류	حبوبات 호부버트
뜸 들이다	دم کردن 담 캬르단	양념을 하다	چاشنی زدن 처쉬니 자단

میزبان- این خورشِ بادنجان است. این هم چلوکباب است.
미즈번- [인 코레쉐 버덴전 아스트. 인 함 첼로캬법 아스트] /인 코레쉐 버뎀주네. 인 함 첼로캬법베/

مهمان- خیلی خوشمزه است
메흐먼- [케일리 코쉬마제 아스트] /케일리 코쉬마제 아스/

می- نوش جان. باز هم بفرمایید بکشید.
미- [누쉐 전. 버즈 함 베화르머이드 베케쉬드] /누쉐준. 버잠 베화르머인 베케쉰/

م- نه دیگر، کافی است. سیر شدم. شما هم باید منزلِ ما تشریف بیاورید.
메- [나 디걀르, 커휘 아스트. 씨르 쇼담. 쇼머 함 버야드 만젤레 머 타쉬리프 비어바리드]
/나 디게, 커피예. 씨르 쇼담. 쇼머 함 버야드 만젤레 머 타쉬프 비어린/

می- چشم، خدمتتان می رسم.
미- [차쉬므, 케드마테턴 미라쌈] /차쉬므, 케드마테툰 미라쌈/

م- خوب، باید کم کم مرخص بشوم. خیلی خوش گذشت.
메- [쿱, 버야드 캄캄 모라카씨 베솨밤. 케일리 코쉬 로자쉬트] /쿱, 버야드 캄캄 모라카씨 베샴. 케일리 코쉬 고자쉬트/

می- نه، هنوز زود است. حالا تشریف داشته باشید.
미- [나, 하누즈 주드 아스트. 헐러 타쉬리프 더쉬테 버쉬드] /나, 하누즈 주데. 헐러 타쉬프 더쉬테 버쉰/

주인 – 이것은 가지스튜에요. 이것은 첼로캬법이구요.
손님 – 너무 맛있네요.
주인 – 다행이네요. 더 덜어 드세요.
손님 – 아니요 더는. 충분해요. 배가 불러요. 당신도 우리집에 반드시 오셔야 해요.
주인 – 네 알겠어요. 찾아뵙겠어요.
손님 – 좋아요, 이제 슬슬 가봐야겠어요. 대단히 즐거웠어요.
주인 – 아직 이른데요. 자 계세요.

4단계

문제 풀기

Ⅰ. 다음을 우리말로 옮기시오.

1) من و برادرم تصمیم گرفتیم صبحانه را آماده کنیم.

2) برای ناهار ما شیر، تخم مرغ، کره، مربا و عسل آماده کردیم.

3) اولاً چند بادمجان پوست کندیم.

4) ما کوشش کردیم که آن کتاب مشکل بخوانیم.

5) اگر اجازه بدهید امشب پیش شما بیایم.

6) بگذارید بروم به دانشگاه.

7) پیش از خوردنِ غذا باید دست ها را با آب گرم و صابون بشوری

8) می دانم این دفتر را از من بگیرید.

9) خواستم به او آن را بدهم.

10) می خواهم بخرم.

Ⅱ. 다음을 이란어로 옮기시오.

1) (우리는) 요리하기 위하여 부엌으로 간다.

2) (우리는) 닭을 삶고, 양파를 잘게 썬다.

3) 음식이 다 탔다. 연기가 꽉 찼다.

4) (우리는) 정오 즈음 밥을 지었다.

5) 다행스럽게도 할머니는 전화로 우리들을 집으로 점심식사 초대를 하였다.

Ⅲ. 다음 동사의 가정형을 인칭에 따라 쓰시오.

1) دانستن (دان)

2) توانستن (توان)

3) زدن (زن)

4) شنیدن (شنو)

5) خوابیدن (خواب)

구린 것은 냄새가 난다
قضیه بودار است
[가지예 부더레]

■ 이란인이 좋아하는 색

이란인이 가장 좋아하는 색은 검은색, 적색, 녹색과 청색이라고 할 수 있다. 사회적인 분위기로 인한 배경도 있지만, 감청색과 검은색은 공식적으로 애도를 나타내는 색이기도 하다. 적색은 건강을 상징하는 반면, 노란색은 병을 상징한다. 애매한 중간색을 선택하는 경향이 적다. 적색의 상징성으로 전사자들의 무덤에는 붉은 색 꽃을 바친다.

میوه و سبزی

- ایرانی ها برای درست کردن انواع خورش، کوکو و پلو از سبزی های مختلفی استفاده می کنند.
이러니허 바러예 도로스트 캬르다네 안버에 코레쉬, 쿠쿠 바 폴로 아주 싸브지허예 모크탈레피 에스테훠데 미코난드.

- به این نوع سبزی، سبزی خوردن می گوییم.
베 인 노으 싸브지, 싸브지 코르단 미구임.

- سفره ی ایرانی با سبزی خوردن زیباتر می شود.
쏘프레예 이러니 버 싸브지 코르단 지버타르 미쇼바드.

- سبزی خوردن شامل تره، ریحان، شاهی، تربچه، پیازچه، ترخون، مرزه و نعناع است.
싸브지예 코르단 셔멜레 타레, 레이헌, 셔히, 토롭체, 피어즈체, 타르쿤, 마르제 바 나아너 아스트.

- 이란인들은 스튜, 쿠쿠와 밥[37] 같은 종류의 음식을 만들기 위해서 다양한 채소들을 사용한다.
- 이러한 종류의 채소를 식용 채소라고 부른다.
- 이란의 식탁은 식용채소들로 인해 보다 아름답게 된다.
- 식용 채소로는 부추, 노루풀, 다닥냉이, 무우, 파, 사철쑥, 회향풀 그리고 양박하가 있다.

---

[37] 쌀과 채소 혹은 다른 식재료를 넣어 만든 밥을 뜻함.

1단계

단어

سبزیجات 싸브지저트	채소(복수)	کوکو 쿠쿠	야채를 다져 기름에 지진 작은 빈대떡과 유사한 음식
خورش 코레쉬	(이란식)스튜	پلو 폴로	(쌀에 다른 재료를 넣어 만든) 밥
سفره 쏘프레	식탁보. 음식상	مختلف 모크탈레프	여러가지. 다양한
تره 타레	부추	ریحان 레이헌	나루풀
شاهی 셔히	다닥냉이	تربچه 토롭체	뿌리가 긴 무우
پیازچه 피어즈체	파	ترخون 타르쿤	사철쑥
مرزه 마르제	회향풀	نعناع 나아너	양박하
استفاده کردن از.. 아즈...에스테풔데캬르단	...을 사용하다	انواع 안버으	종류(복수)

2단계

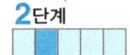

문법 알기

1. 과거분사

과거분사는 동사의 과거어근에 ه [헤]를 연결하면 분사가 된다. 그리고 شدن [쇼단] 결합하여 수동형이 되기도 한다.

과거분사 = 동사의 과거어근 + ه

کردن → 과거어근 کرد + ه = کرده

رفتن → 과거어근 رفت + ه = رفته

خوردن → 과거어근 خورد + ه = خورده

1) 명사로 활용

کرده ی من 캬르데 예 만	내가 한 일
گفته های علی 고프테허 예 알리	알리가 한 말(들)
در گذشته 다르 고자쉬트	과거에
کشتگان = کشته + ان 코쉬테건	살해당한 사람(들)
نوشته های سعدی 네베쉬테허 예 싸아디	싸아디가 쓴 기록물[38]

2) 형용사로 활용

سال گذشته 썰레 고자쉬테	작년
کاسه ی شکسته 커쎄 예 쉐캬스테	깨진 사발
غذای نپخته 가저 예 너포크테	요리되지 않은 음식
رنگ پریده صورت 쑤라테 랑파리데	창백한(빛이 바랜) 얼굴

3) 동작의 접속(...하고)을 의미

- حسن به شهر رفته کالاها را خرید.

[하산 베 샤흐르 라프테 컬러허 러 카리드/hasan be shahr rafte kālāhā rā kharid/]

(하산은 시내로 가서 물건들을 샀다.)

- علی این خبر را شنیده خوشحال شد.

[알리 인 카바르 러 쉐니데 코쉬헐 쇼드/'ali in khabar rā shenide khoshhāl shod/]

(알리는 이 소식을 듣고 기뻐했다.)

- او وارد اطاق شده گفت...

[우 버레데 오터그 쇼데 고프트.../u vāred e otāq shode goft.../]

(그는 방으로 들어와 ... 말했다.)

---

[38] 저서라는 의미도 됨.

- مادر بزرگ شیرینی را از جیب بیرون آورده به نوه خودش داد.

[머다르보조르그 쉬리니 러 아즈 집 비룬 어바르데 베 나베 예 코데쉬 더드
/mādarbozorg shirini rā az jib birun āvarde be nave ye khodesh dād/]

(할머니는 주머니에서 과자를 꺼내 자신의 손자에게 주었다.)

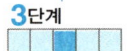

표현 응용

관련 단어

포도	انگور 앙구르	오디	توت 투트
복숭아	هلو 홀루	배	گلابی 골러비
사과	سیب 씹	딸기	توت فرنگی 투트 화랑기
체리	گیلاس 길러쓰	무화과	انجیر 안지르
수박	هندوانه 헨드버네	귤	نارنگی 너랭기
메론	طالبی 털레비	오렌지	پرتغال 포르테걸
감	خرمالو 코르멀루	키위	کیوی 키비
석류	انار 아너르	바나나	موز 모우즈
도토리	بلوط 발루트	대추야자	خرما 코르머
오이	خیار 키여르	레몬	لیمو 리무
버섯	قارچ 거르츠	상추	کاهو 커후
당근	هویج 하비즈	감자	سیب زمینی 씹 자미니
호박	کدو 카두	양파	پیاز 피어즈
토마토	گوجه فرنگی 고제 화랑기	마늘	سیر 씨르
완두콩	نخود فرنگی 노코드 화랑기	둥근 무우	شلغم 솰금

피망	فلفل دلمه ای 펠펠레 돌메이	부르컬리	گل کلم 골 캴람
비트	چغندر 쵸간다르	고추	فلفل سبز 펠펠레 싸브즈
강낭콩	لوبیا 루비어	양배추	کلم 캴람

ا‌ـ تا حالا شهرهای دیگر ایران را هم دیده اید؟

A [터 헐러 샤흐르허예 디갸레 이런 러 함 디데 이드?] /터 헐러 샤흐러 디게 이러노 함 디딘?/

ب‌ـ بله. سرِ راهمان از اصفهان دیدن کردیم.

B [발레. 싸레 러헤먼 아즈 에스화헌 디단 캬르딤] /발레. 싸레 러헤문 아즈 에스화헌 디단 카르딤/

ا‌ـ آنجا قشنگ بود؟

A [언저 가샹 부드?] /운저 가샹 부드?/

ب‌ـ بله! مسجدها، باغها، ساختمانهای تاریخی، همه خیلی دیدنی بود. عکسِ آنها را قبلاً دیده بودم، ولی از نزدیک خیلی زیباتر بود.

B [발레! 마쓰제드허, 버그허, 써크테먼허예 터리키, 하메 케일리 디다니 부드.
아크쎄 언허 러 가블란 디데 부담, 발리 아즈 나즈디크 케일리 지버타르 부드]
/발레! 마쓰제더, 버거, 써크테무너예 터리키, 하메 케일리 디다니 부드.
악쎄 우너 러 가블란 디데 부담, 발리 아즈 나즈딕 케일리 지버타르 부드/

ا‌ـ البته! برای مردم ایران ((اصفهان نصفِ جهان)) است.

A [알바테! 바러예 마르도메 이런 "에스화헌 네쓰풰 자헌" 아스트] /알바테! 바러 마르도메 이런 "에스화헌 네쓰풰 자헌"네/

ب‌ـ به نظر من هم همینطور است.

B [베나자레만함하민토르아스트] /베나자레만함하민토레/

A – 지금까지 이란의 다른 도시들도 보았어요?

B – 네. 도중에 에스화헌을 보았어요.

A – 그곳은 아름다웠어요?

B – 네! 사원들, 정원들, 역사적인 건축물들, 모두 매우 볼 만했어요. 이전에 사진을 봤던 적이 있었어요. 그렇지만 가까이에서 보니 너무 아름다웠어요.

A – 물론이지요! 이란인에게는 "에스화헌은 세계의 반"이니까요.

B – 제 생각도 바로 그래요.

4단계

문제 풀기

I. 다음을 우리말로 옮기시오.

1) هر یک از ادویه بو، مزه و رنگِ خاصی دارند.

2) یکی از نکته های مهم در آشپزیِ ایرانی جا افتاده ی غذاست.

3) پیتزا غذایی فرنگی است که در ایران طرفدارانِ زیادی دارد.

4) رشته یکی از انواعِ غذا های خوشمزه است.

5) نسرین از انواعِ چاشنی ها و ادویه در درست کردنِ غذا استفاده می کند.

II. 다음을 이란어로 옮기시오.

1) 나스린은 이란 음식 만들기 애호가이다.

2) 이란 음식상에는 다양한 음식들을 볼 수 있다.

3) 밥과 스튜는 이란의 기본적인 음식이다.

4) 쿠프테 (کوفته)는 이란의 전통 음식 중의 하나이다.

5) 업구쉬트 (آبگوشت)는 맛있고 즐겨찾는 음식이다.

III. 다음 동사의 과거분사를 쓰시오.

1) خوابیدن

2) ساختن

3) شکستن

4) بریدن

5) دیدن

처음이 어렵다
قدم اول همیشه مشکل است
[가다메 아발 하미쉐 모쉬켈레]

■ **이란 남성의 정장**

이란 이슬람혁명이 일어난 1979년부터 남성의 공식석상의 복장은 우리가 흔히 보는 양복이 아니고, 넥타이를 매지 않는 깃이 없는 스타일로 **یقه ی آخوندی** [야게 예 어쿤디] (성직자의 깃)라고 부르기도 한다.

제13과

گل و درخت

- پدر بزرگ من باغبان است.
 او باغ گل زیبا و بزرگی در خارج از شهر دارد.

페다르보조르게 만 버그번 아스트.
우 버게 골레 지버 바 보조르기 다르 커레즈 아즈 샤흐르 더라드.

- پدربزرگ در باغش گل های گوناگون و رنگارنگی پرورش می دهد.

페다르보조르 다르 버게쉬 골헤예 구너군 바 랑거랑기 파르바레쉬 미다하드.

- گل فروش ها برای خرید گل به باغ او می آیند.
 من هر وقت به این باغ می آیم، در میان گل ها گردش می کنم و از دیدن آن ها لذّت می برم.

골후루쉬허 바로예 카리데 골 베 버게 우 미어얀드. 만 하르 바그트 베 인 버그 미어얌,
다르 미여네 골허 갸르데쉬 미코남 바 아즈 디다네 언허 라즈자트 미바람.

- همیشه موقع خداحافظی، پدربزرگ چند نوع گل و غنچه می چیند و دسته گل قشنگی درست می کند و به من می دهد.

하미쉐 모게에 코더허풰지, 페다르보조르그 찬드 노으 골 바 곤체 미치나드 바 다스테 골레 가샹기 도로스트 미코나드 바 베 만 미다하드.

- ایرانیان دوره ی باستان به درخت و درخت کاری اهمیت فراوانی می دادند.

이러니연 도레예 버스턴 베 데라크 바 데라크드커리 아하미야테 화러버니 미더단드.

- هنوز ایرانی ها سخن گذشتگان خود را فراموش نکرده اند.

하누즈 이러니허 쏘카네 고자쉬테거네 코드 러 화러무쉬 나갸르데 안드.

- آن ها روز پانزده اسفند هر سال جشن می گیرند و نهال درختی در زمین می کارند و به آن آب می دهند.

언허 루제 펀즈다헤 에스환데 하르 썰 자쉬느 미기란드 바 네헐레 데라크티 다르 자민 미커란드 바 베 언 업 미다한드.

- 나의 할아버지는 정원사이다. 시외에 크고 아름다운 화원을 가지고 있다.
- 할아버지는 정원에 다양한 가지각색의 꽃들을 키운다.
- 꽃 파는 사람들은 꽃을 사기 위해 그의 화원으로 온다. 나는 화원에 갈 때마다, 꽃들 사이를 거닐며 꽃들을 보는 것이 너무 즐겁다.
- 떠날 때마다 언제나, 할아버지는 몇 종류의 꽃과 봉우리를 꺾어 아름다운 꽃다발을 만들어 내게 주신다.
- 이란인들은 고대에 나무와 나무 심기에 많은 중요성을 가지고 있었다.
- 아직도 이란인들은 자신의 선조들의 말을 잊지 않고 있다.
- 그들은 매년 에스환드월(月) 15일에 축제를 벌여 어린 초목을 땅에 심고 물을 주고 있다.

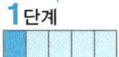

단어

باغبان 버그번	정원사	خارج از شهر 커레즈 아즈 쇼흐르	도시 외곽. 시외
گوناگون 구너군	다양한. 가지각색의. 여러가지의	پرورش دادن 파르바레쉬 더단	키우다. 재배하다
گل فروش 골 훠루쉬	꽃 파는 사람	در میانِ 다르 미어네…	…사이에
گردش کردن 갸르데쉬 캬르단	구경하다. 돌아다니다	لذّت بردن 라즈자트 보르단	즐기다
چیدن 치단	꺾다	غنچه 곤체	꽃봉우리. 꽃망울
دوره ی باستان 도우레예 버스턴	고대시기. 옛시기	درخت کاری 데라크트 커리	식목
اهمیتِ … دادن 아하미야테…더단	…의 중요성이 있다	فراوان 화러번	많은. 풍부한
سخن 쏘칸	말(言)	گذشتگان 고자테건	과거시대의 사람. 선조(복수)

خود 코드	자신(의). 스스로(의)	جشن گرفتن 자쉰 게레프탄	축제를 거행하다. 축제를 지내다
نهال 나(네)헐	초목. 어린 나무	زمین 자민	땅. 지면. 바닥
کاشتن 커쉬탄	심다. 경작하다	دسته گل 다스테 골	꽃다발

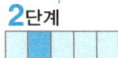

문법 알기

1. 동사의 사역형

일반 동사의 현재 어근 + اندن [언단/āndan/]이나 انیدن [어니단/ānidan/]를 연결하면 사역형이 된다. 그러나 모든 동사가 사역형으로 변용될 수 있는 것은 아니다.

동사의 기본형	현재어근	사역형
پریدن 파리단/paridan/ (날다)	پر 파르/par/	پر + اندن = پراندن 파런단/parāndan/
		پر + انیدن = پرانیدن 파러니단/parānidan/
پوشیدن 푸쉬단/pushidan/ (입다)	پوش 푸쉬/push/	پوش + اندن = پوشاندن 푸션단/pushāndan/
		پوش + انیدن = پوشانیدن 푸셔니단/pushānidan/
ترسیدن 타르씨단/tarsidan/ (두렵다. 무서워하다)	ترس 타르쓰/tars/	ترس + اندن = ترساندن 타르썬단/tarsāndan/
		ترس + انیدن = ترسانیدن 타르써니단/tarsānidan/

خندیدن 칸디단/khandidn/ (웃다)	خند 칸드/khand/	خند + اندن = خنداندن 칸던단/khandāndan/
		خند + انیدن = خندانیدن 칸더니단/khandānidan/
خوابیدن 커비단/khābidan/ (자다)	خواب 컵/khāb/	خواب + اندن = خواباندن 커번단/khābāndan/
		خواب + انیدن = خوابانیدن 커버니단/khābānidan/
خوردن 코르단/khordan/ (먹다)	خور 코르/khor/	خور + اندن = خوراندن 코런단/khordan/
		خور + انیدن = خورانیدن 코러니단/khorānidan/
دویدن 다비단/davidan/ (뛰다. 달리다)	دو 다브/dav/	دو + اندن = دواندن 다번단/davāndan/
		دو + انیدن = دوانیدن 다버니단/davānidan/
شناختن 쉐너크탄/shenākhtan/ (알다. 친숙하다)	شناس 쉐너쓰/shenās/	شناس + اندن = شناساندن 쉐너썬단/shenāsāndan/
		شناس + انیدن = شناسانیدن 쉐너써니단/shenāsānidan/
فهمیدن 화흐미단/fahmidan/ (이해하다)	فهم 화흐므/fahm/	فهم + اندن = فهماندن 화흐먼단/fahmāndan/
		فهم + انیدن = فهمانیدن 화흐머니단/fahmānidan/
نشستن 네쏴스탄/neshastan/ (앉다)	نشین 네쉰/neshin/	نشاندن * 네션단/neshāndan/
		نشانیدن [39] 네셔니단/neshānidan/

---

[39] نشستن의 사역동사형은 불규칙으로 예외 동사임.

2. 현재분사

동사의 현재어근에 ان [언/ãn/] (…하면서)을 붙이면 현재분사가 된다. 그러나 모든 동사가 현재분사가 되는 것은 아니다.

	현재어근	현재분사
پرسیدن 포르씨단 (묻다)	پرس	پرس + ان = پرسان 포르쓰+언 = 포르썬/pors + ãn = porsãn/
خندیدن 칸디단 (웃다)	خند	خند + ان = خندان 칸드+언 = 칸던/khand + ãn = khandãn/
خواستن 커스탄 (원하다)	خواه	خواه + ان = خواهان 커흐+언 = 커헌/khãh + ãn = khãhãn/
دویدن 다비단 (달리다. 뛰다)	دو	دو + ان = دوان 다브+언 = 다번/dav + ãn = davãn/
زدن 자단 (치다. 때리다)	زن	زن + ان = زنان 잔+언 = 자년/zãn + ãn = zanãn/
کردن 캬르단 (하다)	کن	کن + ان = کنان 콘+언 = 코년/kon + ãn = konãn/
لرزیدن 라르지단 (흔들리다)	لرز	لرز + ان = لرزان 라르즈+언 = 라르전/larz + ãn = larzãn/

1. 현재분사의 용법

- (..하면서) 의 의미로, 두 번 반복하여 표현하는 경우가 많다.

دوان دوان آمد.

[다번 다번 어마드/davãn davãn ãmad/]

(그는 뛰면서 왔다.)

پرسان پرسان به خانه ی دوستم رفتم.

[포르썬 포르썬 베 커네 예 두스탐 라프탐/porsãn porsãn be khãne ye dustam raftam/]

(물어 물어 내 친구의 집으로 갔다.)

افتان و خیزان به خانه رسید.

[오프탄 비 키전 베 커네 레씨드/oftān va khizān be khāne re/a/sid/]

(그는 쓰러지고 일어나고 하면서 집에 닿았다.)

2. 형용사로 활용

پسرها خندان بودند.

[페사르허 칸던 부단드/pesarhā khandān budand/]

(소년들은 웃고 있었다.)

سلامت و خوشحالیِ شما را از خدا خواهانم

[쌀러마트 바 코쉬헐리 예 쇼머 러 아즈 코더 커허남/salāmat va khoshhāli ye shomā rā az khodā khāhān am/]

(나는 당신의 건강과 행복을 신에게 기원합니다.)

بادِ سوزان

[버데 쑤전/bād e suzān/] (매서운 바람)

3단계

표현 응용

관련 단어

뿌리	ریشه 리쉐	활짝 핀 꽃	شکوفه 쇼쿠훼
가지	شاخه 셔케	잎	برگ 바르그
나무 몸체	تنه 타네	줄기	ساقه 써게
장미	رز 로즈	국화	داوودی 더부디
제비꽃	بنفشه 바나프쉐	데이지	مروارید 모르버리드
라일락	یاس 여쓰	카네이션	میخک 미카크

수선화	نرگس 네(나)르게쓰	히아신스	سنبل 쏨볼[40]
제라늄	شمعدانی 샴더니	소나무	کاج 커즈
튤립	لاله 럴레	사철나무	سرو 쎄르브
야자나무	نخل 나클	측백나무	چنار 체너르
버드나무	بید 비드	온실	گلخانه 골커네

ا- به به! چه قالی های قشنگی!
A [바흐 바흐! 체 걸리허예 가샹기!] /바흐 바흐 체 걸리허예 가샹기!/

ب- معلوم است. از قدیم بهترین قالی ها را در دنیا ایرانیها درست می کردند.
B [마아룸 아스트. 아즈 가딤 베흐타린 걸리허 러 다르 도니여 이러니허 도로스트 미카르단드]
/마아루메. 아즈 가딤 베흐타린 걸리허 러 다르 도니여 이루니허 도로스 미카르단/

ا- شنیده ام که قالی ها ی کهنه گرانتر از قالی های نو است.
A [쉬니데 암 케 걸리허예 코흐네 게런타르 아즈 걸리허예 노 아스트] /쉬니담 케 걸리허예 코흐네 개룬타르 아즈 걸리허예 노 에/

ب- البته. قالی ممتاز هر چه پا بخورد، بهتر می شود.
B [알바테. 걸리예 몸터즈 하르 체 퍼 베코라드, 베흐타르 미샤바드] /알바테. 걸리예 몸터즈 하르 체 퍼 보코레, 베흐타르 미쉐/

ا- شما می گویید چه قالی از همه بهتر است؟
A [쇼머 미구이드 체 걸리 아즈 하메 베흐타르 아스트?] /쇼머 미긴 체 걸리 아즈 하메 베흐타레?/

ب- بسته به سلیقه ی خودتان است. دیگر اینکه برای آویختن بخواهید یا برای زیرِ پا. حالا بفرمایید یک استکان چای میل کنید و بعد سر فرصت نگاه کنید.
B [바스테 베 쌀리게예 코데턴 아스트. 디갸르 인케 바러예 어비크탄 베커르히드 여 바러예 지레 퍼 /바스테 베 쌀리게예 코데투네. 디게 인 케 바러 어비크탄 베커르힌 여 바러 지레 퍼/
[헐러 베화르머이드 옉 에스테컨 처이 메일 코니드 바 바드 싸레 훠르싸트 네거흐 코니드]/헐러 베화르머인 예 에스테컨 처이 메일 코닌 오 싸레 훠르싸트 네갸흐 코닌/

A – 야! 아름다운 양탄자네!
B – 확실하네. 옛날부터 세계에서 가장 좋은 양탄자들을 이란인들이 만들었다는 것.
A – 낡은 양탄자들은 새 양탄자보다 비싸다고 들었어요.
B – 물론이지요. 가장 뛰어난 양탄자란 발로 밟으면 밟을수록 좋은 거래요.
A – 어떤 양탄자가 가장 좋다고 말하는 것인가요?
B – (당신) 자신의 기호에 따른 것이지요. 또 벽걸이인지 발아래 까는 것을 원하는지.
　　자 이제 홍차 한잔 드시고 나서 시간이 허락하는 대로 보세요.

---

[40] 주) 30 참고.

4단계

문제 풀기

Ⅰ. 다음을 우리말로 옮기시오.

1) دیوارهای باغ از یاسِ سفید پوشیده شد.

2) گل ها ی خشک را در گلدان نگهداری کردم.

3) می خواهم به فروشگاه بروم.

4) کجا می خواهید بروید؟ به بازار. برای چه؟

5) می خواهم یک جفت کفش قشنگی بخرم.

Ⅱ. 다음을 이란어로 옮기시오.

1) 정원사는 정원에서 꽃과 식물을 키운다.

2) 할아버지는 아름다운 꽃다발을 만든다.

3) 그들은 매년 어린 나무들을 (대학교) 운동장에 심는다.

4) (나는) 꽃들이 시들기 전에 말린다.

5) 나무들의 잎은 봄에 다시 파랗게 된다.

Ⅲ. 다음 빈 칸에 적당한 어휘를 고르시오.

در	برای	پشت	روی	به
با	زیر	رو بروی		

1) كتاب (　　　) ميز است و گربه (　　　) ميز.

2) (　　　) دوستم نامه نوشتم و آن را (　　　) زنش دادم.

3) (　　　) خانه اش نانوايى است و (　　　)ِ ش هم كتابخانه.

4) مادرش (　　　) بازار رفت.

5) او (　　　) برادرش (　　　) خانه ماند.

크게 짖는 개는 물지 못한다

سنگ بزرگ علامت نزدن است

[쌍게 보조르그 알러마테 나자다네]

■ 이란 남성의 반지

이란인들은 멋을 잘 부린다. 여성만이 아니고, 화려한 반지를 낀 남성들을 자주 볼 수 있다. 이는 재산을 전부 몸에 지녀야 했던 유목민의 습관이 아직 남아 있기 때문이라고 생각할 수 있다.

제14과

فیلم و موسیقی

- دیروز بعد از ظهر، علی و همسرش برای تماشای فیلمی کمدی به سینما رفتند.
디루즈 바드 아즈 조흐르, 알리 바 함싸레쉬 버라예 타머셔예 필미 코메디 베 씨나마 라프탄드.

- وقتی پرده ی سینما کنار رفت، ابتدا کارتون کوتاهی به نمایش درآمد. بعد، چند آگهی بازرگانی پخش شد.
바그티 파르데예 씨나마 케너르 라프트, 엡테더 커르투네 쿠터히 베 나머예쉬 다르더머드. 바드 찬드 어가히예 버자르거니 파크쉬 쇼드.

- اغلب مردم کارگردان یا هنرپیشه ی فیلم های سینمایی را خیلی خوب می شناسند، ولی کمتر به فیلم نامه نویس، صدابردار و حتی فیلم بردار اهمیت می دهند.
아글라베 마르돔 커르갸르던 여 호나르피쉐예 필름허예 씨나마이 러 케일리 쿱 미쉐너싼드, 발리 캼타르 베 필름너메네비쓰, 쎄더바르다르 바 하터 필름바르다르 아하미야트 미다한드.

- خواننده ها ترانه یا آواز می خوانند.
آنها با راهنمایی رهبر گروه قطعه ای موسیقی را می نوازند.
커난데허 타라네 여 어버즈 미커난드. 언허 버 러흐나머이예 라흐바레 고루흐 가트에이 무씨기 러 미나버잔드.

- 어제 오후, 알리와 그의 아내는 코메디영화를 보러 영화관에 갔다.
- 막이 걷혔을 때, 먼저 짧은 만화영화를 보여 주었다. 그 후, (상업) 광고 몇 개를 상영했다.
- 대부분의 사람들은 영화 감독들이나 배우들을 매우 잘고 있지만, 시나리오 작가, 음향 그리고 심지어 촬영기사에게는 그다지 중요성을 두지 않는다.
- 가수들은 노래 혹은 가곡(가요)를 부른다.
그들은 구룹의 리더의 지도에 따라 한 곡의 음악을 연주한다.

1단계

단어

فیلم 필름	영화. 필름	موسیقی 무씨기	음악
علی 알리	남자이름	همسرش 함싸레쉬	그(그녀)의 남편(아내)
تماشا 타머셔	구경. 관람	فیلمی کمدی 필미 코메디	코메디 영화
سینما 씨나머	영화. 영화관	پرده 파르데	막. 커텐
کنار رفتن 케너르 라프탄	(커튼을)걷다	ابتدا 엡테더	처음으로. 처음에
کارتون 커르툰	만화	کوتاه 쿠터흐	짧은
به نمایش درآمدن 베 다르 나머예쉬 다르 어마단	보여주다	آگهی بازرگانی 어갸히예 버자르거니	상업 광고
پخش شدن 파크쉬 쇼단	상영되다	اغلب 아글랍	대부분
مردم 마르돔	사람. 남자(복수).	کارگردان 커르갸르던	감독
هنرپیشه 호나르피쉐	배우	می شناسند 미쉐너싼드	알고 있다 (현재3인칭복수)
کمتر 캄타르	보다 적은(게)	فیلم نامه نویس 필름 너메 네비쓰	시나리오 작가
صدا بردار 쎄더 바르더르	음향담당자	حتی 핟터	심지어. ...조차도
فیلم بردار 필름 바르더르	촬영기사	خواننده 커난데	가수. 독자(讀者)

ترانه 타러네	노래	آواز 어버즈	노래. 음성. 음률
آهنگ سازی 어항 써지	연주자	راهنمایی 러흐나머이	지도. 안내. 지휘
رهبر 라흐바르	지도자. 지휘자	گروه 고루흐	집단. 구룹
قطعه 가트에	일부. 단편. 조각	می نوازند 미나버잔드	(악기)켜다. 연주하다 (현재3인칭복수)

2단계

문법 알기

1. 동사의 수동형

수동형은 일반 동사의 과거분사에 شدن [쇼단] '되다'를 연결하여 '…되다'라는 수동의 의미로 만든다. 긍정형에서 부정형으로 변형할 때는 수동을 나타내는 شدن에 부정 접두사 ن을 첨가한다.

زدن [자단] '때리다'의 수동형

동사의 과거	단수(긍정/부정)	복수(긍정/부정)
1인칭	زده شدم = م.. + شد + زده 자데 쇼담	زده شدیم = یم.. + شد + زده 자데 쇼딤
	زده نشدم = م + ن + شد + زده 자데 나쇼담	زده نشدیم = یم + ن + شد + زده 자데 나쇼딤
2인칭	زده شدی = ی + شد + زده 자데 쇼디	زده شدید = ید + شد + زده 자데 쇼디드
	زده نشدی = ی + ن + شد + زده 자데 나쇼디	زده نشدید = ید + ن + شدید + زده 자데 나쇼디드

3인칭	زده + شد = زده شد 자데 쇼드	زده + ند + شد = زده شدند 자데 쇼단드
	زده + ن + شد = زده نشد 자데 나쇼드	زده + ن + شدند = زده نشدند 자데 나쇼단드

수동형의 동사는 자동사의 의미로 해석되기도 한다.

들리다	들리게 되다	شنیده شدن 쉐니데 쇼단	شنیدن 듣다 쉐니단
보이다	보이게 되다	دیده شدن 디데 쇼단	دیدن 보다 디단
베이다	자르게 되다	بریده شدن 보리데 쇼단	بریدن 자르다 보리단

이란어의 수동태는 동작의 주체가 문장 안에서 명확하게 표현되는 경우는 사용하지 않는다. 그리고 주체가 일반적인 경우는 3인칭 복수형을 주어로 하여 능동형으로 표현한다.

- می گویند که پدر او ثروتمند است.

[미구얀드 케 페다레 우 쎄르바트만드 아스트/miguyand ke pedar e u servatman ast/]

((사람들은) 그녀의 아버지가 부자라고 한다.

(= 그녀의 아버지는 부자라는 말을 듣는다.))

- این خانه به دست کارگران ساخته شد.

[이 커네 베 다스테 커르갸란 써크테 쇼드/in khāne be dast e kārgarān sākhte shod/]

(이 집은 노동자(들)에 의해 만들어졌다(= 이 집은 노동자가 지었다.))

2. 완전미래형

미래형은 خواستن [커스탄/khāstan/] (원하다)의 현재어근 خواه [커흐/khāh/]에 현재형의 인칭어미를 연결하여 미래를 표현하는 조동사로 사용하고, 본동사는 인칭에 상관없이 과거어근(= 과거 3인칭 단수)을 붙인다.

미래형 = خواه + 인칭어미 + 동사의 과거어근

	단수	복수
1인칭	خواهم 커함/khāham/	خواهیم 커힘/khāhim/
2인칭	خواهی 커히/khāhi/	خواهید 커히드/khāhid/
3인칭	خواهد 커하드/khāhad/	خواهند 커한드/khāhand/

رفتن [라프탄/raftan/] (가다) → 과거어근 رفت [라프트/raft/]

긍정형

	단수	복수
1인칭	خواهم رفت 커함 라프트	خواهیم رفت 커힘 라프트
2인칭	خواهی رفت 커히 라프트	خواهید رفت 커히드 라프트
3인칭	خواهد رفت 커하드 라프트	خواهند رفت 커한드 라프트

부정형

	단수	복수
1인칭	نخواهم رفت 나커함 라프트	نخواهیم رفت 나커힘 라프트
2인칭	نخواهی رفت 나커히 라프트	نخواهید رفت 나커히드 라프트
3인칭	نخواهد رفت 나커하드 라프트	نخواهند رفت 나커한드 라프트

من فردا درباره ی کتابخانه ی دانشگاه به شما خواهم گفت.

[만화르더다르버레예케텁커네예더네쉬거흐베쇼머커함고프트/man fardādarbāre ye ketābkhāne ye dāneshgāh be shomākhāhamgoft/]

(나는 내일 당신에게 대학교의 도서관에 관하여 말할 것입니다.)

آیا شما در تعطیلات تابستان آینده به مسافرت خواهید رفت؟

[어여 쇼머다르타아틸러테터베스터네어얀데 베 모써훼라트커히드라프트?/āyāshomādarta'tilātetābestāneāyande be mosāferatkhāhid raft?/]

(당신은 다가올 여름방학에 여행을 갈 겁니까?)

복합동사의 경우

복합동사의 미래형은 보조동사 앞에 미래를 나타내는 조동사를 넣는다.

حرکت کردن [하라캬트 캬르단/harakat kardan/] (출발하다)

من فردا حرکت خواهم کرد.

[만 화르더 하라캬트 커함 캬르드/man fardā harakat khāham kard/]

(나는 내일 출발할 것이다.)

او در آنجا توضیح خواهد داد.

[우 다르 언저 토지흐 커하드 더드/u dar ānjā tozih khāhad dād/]

(그는 그곳에서 설명할 것이다.)

3단계

표현 응용

관련 단어

콘서트홀	تئاتر شهر 테아트레샤흐르	공연 프로그램	نمایش نامه 나머예쉬너메
프로그램	برنامه 바르너메	공연하다	اجرا کردن 에즈라 캬르단

로맨스 영화	فیلم عشقی 필르메 에쉬기	피아노	پیانو 피어노
공포영화	فیلم ترسناک 필르메 타르쓰너크	바이올린	ویولن 비요론
전쟁영화	فیلم جنگی 필르메 장기	기타(악기명)	گیتار 기터르
기록영화	فیلم مستند 필르메 모쓰타나드	하프	چنگ 창
북(전통악기)	دنبک 돔바크[41]	피리(전통악기)	نی 네이
템버린 (전통악기)	دف 다프	작곡	آهنگ سازی 어항 써지
작곡가	آهنگ ساز 어항 써즈	연주	نوازندگی 나버잔데기

اـ علی جان، تو امشب بیکاری؟

A [알리 전, 토 엠샵 비커리?] /알리 준, 토 엠샵 비커리?/

بـ نه، باید درس بخوانم. شنبه امتحانِ مهمی دارم.

B [나, 버야드 달쓰 베커남. 샴베 엠테허네 모헴미 더람] /나, 버야드 달쓰 베쿠남. 샴베 엠테허네 모헴미 더람/

اـ افسوس!

A [아프쑤쓰!] /아프쑤쓰!/

بـ چرا افسوس؟

B [체러 아프쑤쓰?] /체러 아프쑤쓰?/

اـ می خواستم با تو به سینما بروم. دو تا بلیت برایم رسیده است.

A [미커스탐 버 토 베 씨네머 베라밤. 도 터 벨리트 바러얌 레씨데 아스트]
/미커스탐 버 토 베 씨네머 베람. 도 터 벨리트 바럄 레씨데/

بـ چه فیلمی؟

B [체 휠르미?] /체 휠르미?/

---

[41] 주) 30 참조.

ا- ((مسافران))ِ بیضایی. می گویند که فیلمِ خوبی است.

A ["모써훼러네" 베이저이. 미구얀드 케 휠르메 쿠비 아스트] /"모써훼러네" 베이저이. 미걘 케 휠르메 쿠비예/

ب- حالا که این طور است، می آیم.

B [헐러 인 토르 아스트, 미어얌] /헐러 인 토레, 미엄/

ا- پس دَرسَت را چکار می کنی؟

A [파쓰 다르싸트 러 체커르 미코니?] /파쓰 다르싸토 체커르 미코니?/

ب- آنرا می گذارم برای فردا. دیر نمی شود.

B [언러 미고저람 바러예 화르더. 디르 네미쇼바드] /우노 미저람 바러 화르더. 디르 네미쉐/

A – 알리야, 오늘밤 할 일 없니?
B – 아니, 공부해야 해. 토요일 중요한 시험이 있거든.
A – 유감이네!
B – 왜 유감이야?
A – 너와 영화보러 가고 싶었거든, 내게 표 2장이 있거든.
B – 무슨 영화인데?
A – 베이저이의 "여행자들". 좋은 영화라고 하더라고.
B – 그렇다면 갈거야.
A – 그럼 네 공부는 어떻게 할거야?
B – 내일 하도록 할래. 늦으면 안돼.

4단계

문제 풀기

I. 다음을 우리말로 옮기시오.

1) شما کِی به فرودگاه تهران خواهید رسید؟

2) تو ساختمان معروف را از نزدیک خواهی دید.

3) ما دو ماه تعطیل خواهیم داشت.

4) پدر من ماه آینده با اتوبوس به شیراز خواهد رفت.

5) ما آن غذا را نخواهیم خورد.

6) این خانه به دستِ کارگران ساخته شد.

7) به سببِ برف راه بسته شد.

8) آهن به آسانی بر یده نمی شود.

9) او قبول نشد.

10) پنجره بر اثرِ باد باز شد.

Ⅱ. 다음을 이란어로 옮기시오.

1) 공포영화는 아이들에게 해를 끼친다.

2) 오케스트라의 지휘자는 연주자들을 지휘한다.

3) 알리와 그의 아내는 영화를 보던 중간에 영화관을 나왔다.

4) 이 영화의 감독은 그다지 유명하지 않았다.

5) 니키 캬리미(نیکی کریمی)는 이란의 유명한 여배우이다.

Ⅲ. 다음 동사의 미래긍정형을 인칭에 따라 쓰시오.

1) تمام شدن

2) درست کردن

3) فهمیدن

4) فرار کردن

5) شنیده شدن

마지막에 웃는 자가 승리자다

شاهنامه آخرش خوش است

[셔흐너메 어카레쉬 코쉐]

■ **이란인의 성향**

او سنگین است [우 쌍긴 아스트 = 우 쌍기네]를 직역하면 '그는 무겁다'라는 의미이지만, 그는 침착하다거나 성실하다는 의미로 활용된다. سبک [싸보크]를 대신 쓰면, '가볍다'라는 의미로 반대의미가 된다.

이란인은 일반적으로 저음을 좋아한다. 여성가수도 소프라노는 그다지 좋아하지 않는다.

ورزش

- هنوز مسابقه شروع نشده بود.
  سر و صدا و همهمه ی تماشاچی ها فضای ورزشگاه را پر کرده بود.
  하누즈 모써베게 쇼르으 나쇼데 부드.
  싸로쎄더 바 함하메예 타머셔치허 화저예 바르제쉬거흐 러 포르 캬르데 부드.

- کم کم بازیکن ها وارد زمین مسابقه شدند.
  سه داورِ مسابقه هم به زمین آمدند.
  캄캄 버지콘허 버레데 자미네 모써베게 쇼단드.
  쎄 더바레 모써베게 함 베 자민 어마단드.

- تماشاچی ها برای بازیکن های تیم مورد علاقه ی خود دست می زدند.
  타머셔치허 바러예 버지콘허에 티메 모레데 알러게에 코드 다스트 미자단드.

- چند لحظه بعد دروازه بان ها به طرفِ دروازه ی خود رفتند.
  찬드 라흐제 바아드 다르버제번허 베 타라풰 다르버제예 코드 라프탄드.

- داورِ وسط سوتِ شروعِ بازی را زد، به این ترتیب فوتبال شروع شد.
  더바레 바싸트 쑤테 쇼루에 버지 러 자드, 베 인 타르팁 후트벌 쇼루으 쇼드.

- 아직 경기는 시작되지 않았다.
  관중들의 떠드는 소리는 경기장을 가득 메웠다.
- 점차 선수들이 경기장으로 들어오기 시작했다.
  경기 심판 3명도 그라운드로 나왔다.
- 관중들은 자신이 좋아하는 대상의 팀 선수들을 위해 박수를 보내고 있었다.
- 잠깐 후, 골키퍼들은 각자의 골대를 향해 갔다.
- 중앙 심판이 경기 시작을 알리는 호루라기를 불자, 축구는 시작되었다.

1단계

단어

ورزش 바르제쉬	운동	هنوز 하누즈	아직
مسابقه 모쎄베게	경기. 게임	شروع شدن 쇼루으 쇼단	시작되다
سر و صدا 싸로쎄더	소란. 소동. 소음.	همهمه 함하메	소동. 웅성거림
تماشاچی 타머셔치	관람객. 관중	فضا 화저	공간. 공지
ورزشگاه 바르제쉬거흐	운동경기장	پر کردن 포르 캬르단	가득차다
کم کم 캄캄	차츰. 점차. 점점	بازیکن 버지콘	참가선수
وارد .. شدن 버레데... 쇼단	들어오다	زمین 자민	운동경기장. 그라운드
داور 더바르	심판	هم 함	..도
تیم 팀	팀	مورد علاقه 모레데 알러게	관심의 대상. 좋아하는 대상
دست زدن 다스트 자단	손뼉치다	لحظه 라흐제	순간. 찰나. 잠깐
دروازه بان 다르버제번	골키퍼	به طرفِ... 베 타라페	...쪽으로 ....향해서
دروازه 다르버제	골대. 골문	وسط 바싸트	중앙. 가운데
سوت زدن 쑤트 자단	호루라기를 불다	بازی 버지	경기. 게임
به این ترتیب 베 인 타르팁	이렇게 해서. 그리하여	فوتبال 후트벌	축구

2단계

1. 과거진행형

과거진행형은 과거형에 진행. 습관을 나타내는 접두사 می [미/mi/]를 붙이면 된다. 과거진행은 과거에 걸쳐 동작의 계속이나 습관을 나타내는 경우 활용된다. 다시 말해 과거의 범위의 한 시점에서 다른 시점까지의 진행을 의미하거나 과거의 습관적인 행동을 나타낼 때 활용한다.

과거진행의 부정형은 접두사 앞에 부정접두사 ن [나/na/]를 연결시킨다. 그러나 발음은 [나/na/]가 아니고 접두사와 연결되어, ن + می = نمی [나+미 = 네미]가 된다.

علی به کره ای نامه می نوشت.

[알리 베 코레이 너메 미네베쉬트/'ali be korei name minevesht/]

(알리는 한글로 편지를 쓰고 있었다.)

وقتیکه در تهران بودم هر روز به منزلِ خانمِ سلطانیه می رفتم.

[바그티케 다르 테흐런 부담 하르 루즈 베 만젤레 커노메 쑬터니예 미 라프탐
/vaqtike dar tehrān budam har ruz be manzel e khānom e sultaniye miraftam/]

((내가) 테헤란에 있었을 때 (나는) 매일 쑬타니예집에 가곤 했었다.)

در بچگی ما باهم بازی می کردیم.

[다르 바체기 머 버함 버지 미캬르딤/dar bachchegi mā bā ham bāzi mikardim/]

(어린 시절 우리는 함께 놀곤 했었다.)

کارگران کار نمی کردند.

[커르가런 커르 네미캬르단드/kārgarān kār nemikardand/] (노동자들은 일을 하고 있지 않았다.)

در آن وقت دوستم کتاب نمی خواند.

[다르 언 바그트 두스탐 케텁 네미컨드/dar ān vaqt dustam nemikhānd/]

(그 때 나의 친구는 책을 읽고 있지 않았다.)

او نمره ی خوب نمی گرفت.

[우 놈레 예 쿱 네미게레프트/u nomre ye khub nemigereft/]

(그는 좋은 점수를 받지 못하고 있었다.)

2. 과거완료형

과거완료형은 과거분사에 بودن [부단/budan/] 동사의 과거형을 붙여서 만든다.

과거완료형 = 과거분사 + بودن의 과거형

خواندن [컨단/khāndan/] (읽다)의 과거완료

	단수	복수
1인칭	خوانده بودم 컨데 부담/khānde budam/	خوانده بودیم 컨데 부딤/khānde budim/
2인칭	خوانده بودی 컨데 부디/khānde budi/	خوانده بودید 컨데 부디드/khānde budid/
3인칭	خوانده بود 컨데 부드/khānde bud/	خوانده بودند 컨데 부단드/khānde budand/

과거완료 부정형

	단수	복수
1인칭	نخوانده بودم 나컨데 부담/na khānde budam/	نخوانده بودیم 나컨데 부딤/na khānde budim/
2인칭	نخوانده بودی 나컨데 부디/na khānde budi/	نخوانده بودید 나컨데 부디드/na khānde budid/
3인칭	نخوانده بود 나컨데 부드/na khānde bud/	نخوانده بودند 나컨데 부단드/na khānde budand/

과거완료형의 용법

과거의 한 시점에서 과거에 일어난 일을 서술한다거나 단순히 과거에 종료된 것과 조건문에서 활용된다.

از آنچه کرده بود پشیمان کرد.

[아즈 언체 캬르데 부드 파쉬먼 캬르드/az ānche karde bud pashimān kard/] (그는 했던 일을 후회했다.)

نامه ای که فرستاده بودید خواندم.

[너메이 케 풰레스테 부디드 컨담/name i ke ferestāde budid khāndam/]

(당신이 보냈던 편지를 나는 읽었다.)

دیروز ساعت ده از بازار برگشته بودید.

[디루즈 써아테 다흐 아즈 버저르 바르갸쉬테 부디드/diruz sā'at e dah az bāzār bargashte budid/]

(당신은 어제 10시에 시장에서 돌아왔다.)

هنوز تمام نکرده بود که بیخود شد.

[하누즈 타맘 나캬르데 부단드 케 비코드 쇼단드/hanuz tamām nakarde budand ke bikhod shodand/]

(그는 아직 끝나지 않았는데 기절했다.)

اگر می دانستم گفته بودم.

[아갸르 미더네스탐 고프테 부담/agar midānestam gofte budam/]

(만일 내가 알고 있었더라면 말했을 것이다.)

3단계

표현 응용

관련 단어

수영	شنا 쉐너	수영선수	شناگر 쉐너갸르
배구	والیبال 벌리벌	배구 선수	بازیکن والیبال 버지코네 벌리벌
농구	بسکتبال 바스케트벌	농구 선수	بازیکن بسکتبال 버지코네 바스케트벌
테니스	تنیس 테니쓰	테니스 선수	بازیکنِ تنیس 버지코네 테니쓰
배드민턴	بدمینتون 베드민톤	배드민턴 선수	بازیکنِ بدمینتون 버지코네 베드민턴

핸드볼	هندبال 헨드벌	핸드볼 선수	بازیکنِ هندبال 버지코네 헨드벌
탁구	تنیس روی میز = پینگ پونگ 테니쓰루예미즈 = 핑퐁	탁구 선수	بازیکنِ تنیس روی میز = پینگ پونگ 버지코네 테니쓰루예미즈 = 버지코네 핑퐁
스키	اسکی 에스키	스키 선수	اسکی باز 에스키 버즈
복싱	مشت زنی = بوکس 모쉬트 자니 = 보크쓰	복싱 선수	مشت باز = بوکس باز = مشت زن 모쉬트버즈 = 보크쓰버즈 = 모쉬트잔
사격	تیراندازی 티르안더지	사격 선수	تیرانداز 티르안더즈
레슬링	کشتی 코쉬티	레슬링 선수	کشتی گیر 코쉬트기르
역도	وزنه برداری 바즈네 바르더리	역도 선수	وزنه بردار 바즈네바르더르
펜싱	شمشیربازی 샴쉬르버지	펜싱 선수	شمشیرباز 샴쉬르버즈
승마	اسب سواری 아쓥 싸버리	승마 선수	اسب سوار 아쓥 싸버르
조정	قایق رانی 거예그 러니	조정 선수	قایق ران 거예그 런
사이클	دوچرخه سواری 도차르케 싸버리	사이클 선수	دوچرخه سوار 도차르케 싸버르
골프	گلف 골프	축구선수	فوتبالیست 후트벌리스트
프로선수	ورزشکار حرفه ای 바르제쉬커레 헤르훼이	아마추어	ورزشکار آماتور 바르제쉬커레 어머토르

۱ـ این صد دلار چک مسافرتی را می خواهم به ریال تبدیل کنم.

A [인 싸드 돌러르 체케 모싸훼라티 러 미커함 베 리얄 탑딜 코남]
/인 싸드 돌러르 체케 모싸훼라티 로 미컴 베 리얄 탑딜 코남/

ب‌ـ بفرمایید، این فرم را پر کنید.

B [베화르마이드, 인 호르므 러 포르 코니드] /베화르머인, 인 호르모 포르 코닌/

ا‌ـ امروز نرخ دلار چند است؟

A [엠루즈 네르케 돌러르 찬드 아스트?] /엠루즈 네르케 돌러르 찬데?/

ب‌ـ نرخ رسمی برای خرید بیست هزار ریال، برای فروش پانزده هزار ریال.

B [네르케 라쓰미 바러예 카리드 비스트 헤저르 리얼, 바러예 훠루쉬 펀즈다흐 헤저르 리얼]
 /네르테 라쓰미 바러 카리드 비스트 헤저르 리얼, 바러 훠루쉬 펀즈다 헤저르 리얼/

ا‌ـ ارزش دلار باز هم بالا رفته؟

A [아르제쉐 돌러르 버즈 함 벌러 라프테?] /아르제쉐 돌러르 버잠 벌러 라프테?/

ب‌ـ بله، البته هر روز نوسان دارد.

B [발레, 알바테 하르 루즈 나바썬 더라드] /발레, 알바테 하르 루즈 나바쑨 더레/

A – 100달러 여행자수표를 리얼로 바꾸고 싶은데요.
B – 이 서류를 작성하세요.
A – 오늘 달러 환율은 얼마인가요?
B – 매입 공시환율은 20,000리얼이고, 매출은 15,000리얼이에요.
A – 다시 달러가치는 올라간 거지요?
B – 네, 물론 매일 변동하고 있어요.

4단계

문제 풀기

I. 다음을 우리말로 옮기시오.

1) من آرنجم را روی پیانو گذاشته به آنها نگاه می کردم.

2) من به امریکا سفر کرده ام ولی به آلمان نرفته ام.

3) بدن سازی یکی از ورزش های مفید برای انسان است.

4) تیم بازنده با ناراحتی از زمین بیرون رفتند.

5) شاعران ایرانی شعرهای زیادی به زبان فارسی گفته بودند.

6) اگر ارزان بود خریده بودم.

7) اگر به من اجازه می دادند می رفتم.

8) اگر سگ آن بچه را پیدا نکرده بود او از سرما می مرد.

9) وقتیکه من بچه بودم با او در آن میدان بازی می کردم.

10) وقتیکه ما به این شهر رسیدیم هوا تاریک شده بود.

Ⅱ. 다음을 이란어로 옮기시오.

1) 너데르는 운동선수이다.
   그는 청소년 시절부터 지금까지 쭉 운동을 해오고 있다.

2) 달리기 선수들은 모두들 출발 시작선에 서 있었다.

3) 등산은 유용하고 즐길만한 운동 중의 하나이다.

4) 경기가 끝나고 승리한 팀의 선수들은 패배한 팀의 선수들과 악수를 한다.

5) 축구경기에서, 골키퍼는 중요한 역할을 한다. 그는 골문을 지킨다.

눈에 콩깍지

لیلی را باید از چشم مجنون دید.
[레일리 로 버야드 아즈 차쉬메 마즈눈 디드]

제16과

بدن

- امیر و محسن باهم دوست هستند.
امیر جوانی خوش هیکل و خوش اندام است ولی محسن چاق و بی قواره است.

아미르 바 모흐쎈 버함 두스트 하스탄드.
아미르 자버니 코쉬 헤이칼 바 코쉬 안덤 아스트 발리 모흐쎈 처그 바 비 가버레 아스트.

- امیر قد بلند، باریک و لاغر است و اندامی استخوانی و چهار شانه دارد.

아미르 가드보란드, 버리크 바 러가르 아스트 발리 안더미 오스토커니 바 처허르셔네 더라드.

- بر عکس، محسن قد کوتاه، تپل و شکم گنده است و اندامی گوشتالو و تنومند دارد.

바르 악쓰, 모흐쎈 가드 쿠터흐, 토폴 바 쉐캄곤데 아스트 바 안더미 구쉬트얼루 바 타누만드 더라드.

- آنها یک روز باهم به کوه رفتند.
امیر راحت از کوه بالا می رفت و خوش و سرحال بود،
ولی محسن به سختی از کوه بالا می رفت و خسته و بی حال شده بود.

언허 옉 루즈 버함 베 쿠흐 라프탄드.
아미르 러하트 아즈 쿠흐 벌러 미 라프트 바 코쉬 바 싸르헐 부드,
발리 모흐쎈 베싸크티 아즈 쿠흐 벌러 미 라프트 바 카스테 바 비헐 부드.

- مجید ورزش می کند. دست هایش را بالا می برد.
پاهایش را خم می کند. سرش را به چپ و راست برمی گرداند.
روی پنجه های پاهایش می ایستد.

마지드 바르제쉬 미 코나드. 다스트허야쉬 러 벌러 미 바라드.
퍼허야쉬 러 캄 미 코나드. 싸레쉬 러 베 찹 바 러스트 바르 미 갸르더나드.
루예 판제허예 퍼허야쉬 미 이스타드.

- به عقب خم می شود. زانوهایش را تا سینه بالا می آورد.
از پهلو به چپ و راست خم می شود. پاها را از هم باز می کند.

베 아갑 캄 미 샤바드. 저누어야쉬 러 터 씨네 벌러 미 어바라드.
아즈 파흘루 베 찹 바 러스트 캄 미 샤바드. 퍼허 러 아즈 함 버즈 미 코나드.

- 아미르와 모흐쎈은 서로 친구이다. 아미르는 좋은 체격과 몸집을 가진 청년이지만, 모흐쎈은 뚱뚱하고 볼품이 없다.
- 아미르는 키가 크고, 가늘고 마르고 떡 벌어진 어깨와 뼈만 있는 마른 몸집을 가지고 있다.
- 반대로, 모흐쎈은 키가 작고, 통통하고 배가 볼록하다 그리고 살집이 있고 비만하다.
- 그들은 어느 날 함께 산에 갔다. 아미르는 편안히 산을 올라갔다. 그리고 (그는) 즐겁고 상쾌했다. 그러나 모흐쎈은 힘들게 산을 올라갔다. 그리고 (그는) 피곤하고 건강상태가 좋지 않았다.
- 마지드는 운동을 하고 있는 중이다. 손을 위로 든다.
  다리를 구부린다. 머리를 오른쪽과 왼쪽으로 돌린다. 발 끝으로 서 있다.
- 상체를 뒤로 젖힌다. 무릎을 가슴까지 들어 올린다.
  옆구리를 오른쪽과 왼쪽으로 구부린다. 양다리를 서로 (크게) 벌린다.

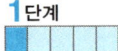

단어

انسان 엔쎈	사람. 인간	امير 아미르	남자 이름
محسن 모흐쎈	남자 이름	باهم 버함	서로. 함께
دوست 두스트	친구	جوان 자번	청년. 젊은이
خوش هیکل 코쉬 헤이칼	체격이 좋은. 균형 잡힌	خوش اندام 코쉬 안덤	맵시있는. 몸매가 좋은
چاق 처그	뚱뚱한. 살찐	بی قواره 비 가버레	보기 흉한. 못생긴
قد بلند 가드 볼란드	키가 큰	باریک 버리크	좁은. 가는. 갸날픈
اندام 안덤	몸집. 체격	استخوانی 오스토커니	야윈. 앙상한
چهارشانه 처허르셔네	어깨가 벌어진. 늠름한	بر عکس 바르 알쓰	반대로

قد کوتاه 가드 쿠터흐	키가 작은	تپل 토폴	살찐. 통통한
شکم گنده 쉐캄 곤데	배가 나온	گوشتالو 구쉬털루	통통한. 살찐
تنومند 타누만드	비만한. 뚱뚱한	کوه 쿠흐	산
راحت 러하트	편안한. 안락한.	سرحال 싸르헐	건강한. 상쾌한
به سختی 베 싸크티	힘들게. 어렵게	بی حال 비 헐	건강이 나쁜. 상태가 좋치않은
مجید 마지드	남자 이름	خم می کند 캄 미코나드	구부리다 (3인칭단수현재)
چپ 찹	왼쪽. 왼쪽의	راست 러스트	오른쪽. 오른쪽의
بر می گرداند 바르 미 갸르더나드	돌아가게 하다 (3인칭단수현재)	پنجه های پاهایش 판즈허예 퍼허야쉬	그의 (다섯으로 된) 발톱
می ایستد 미 이스타드	서 있다 (3인칭단수현재)	عقب 아갑	뒤
زانوهایش 저누허야쉬	그의 무릎들	سینه 씨네	가슴
پهلو 파흘루	옆구리	بالا در می آورد 벌러 다르미어바라드	위로 올리다 (3인칭단수현재)
از هم 아즈 함	서로(로 부터)	باز می کند 버즈 미 코나드	벌린다 (3인칭단수현재)

2단계

문법 알기

1. 가정법 현재형

가정법현재형은 현재형의 접두사 می [미/mi/]를 제외하고, 그 대신 명령. 가정접두사인 بـ [베/be/]를 붙이면 가정형의 현재형이 된다.

خوردن [코르단] (먹다) → 현재어근 خور [코르]

	단수	복수
1인칭	بخورم 베코람	بخوریم 베코림
2인칭	بخوری 베코리	بخورید 베코리드
3인칭	بخورد 베코라드	بخورند 베코란드

가정법현재형의 부정은 접두사 بـ [베/be/] 대신, 부정접두사 نـ [나/na/]를 붙이면 부정형이 된다.

	단수	복수
1인칭	نخورم 나코람	نخوریم 나코림
2인칭	نخوری 나코리	نخورید 나코리드
3인칭	نخورد 나코라드	نخورند 나코란드

복합동사의 보조동사가 کردن [캬르단/kardan/]이 되는 경우는 일반적으로 보조동사에 붙는 가정. 명령접두사 بـ [베/be/] 생략한다.

2. داشتن 동사의 가정형 예외

داشتن [더쉬탄] 동사는 현재형이 예외인 것처럼 가정형도 일반동사와 다르다. 과거분사 (بودن) + (داشته) 가정법 현재형을 연결시킨다. 일반동사의 가정법완료형이 داشتن 동사는 가정법현재형으로 사용되고 있다.

긍정형

	단수	복수
1인칭	داشته باشم 더쉬테 버샴	داشته باشیم 더쉬테 버쉼
2인칭	داشته باشی 더쉬테 버쉬	داشته باشید 더쉬테 버쉬드
3인칭	داشته باشد 더쉬테 버쇼드	داشته باشند 더쉬테 버샨드

부정형

	단수	복수
1인칭	نداشته باشم 나더쉬테 버샴	نداشته باشیم 나더쉬테 버쉼
2인칭	نداشته باشی 나더쉬테 버쉬	نداشته باشید 나더쉬테 버쉬드
3인칭	نداشته باشد 나더쉬테 버쇼드	نداشته باشند 나더쉬테 버샨드

3단계

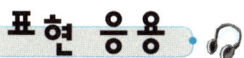 표현 응용

관련 단어

이마	پیشانی 피셔니	턱	چانه 쳐네
뺨, 볼	گونه = لپ 구네 = 롭	눈꺼풀	پلک 펠크

팔뚝(어깨에서 팔꿈치사이)	بازو 버주	팔꿈치	آرنج 어렌즈
팔뚝(팔꿈치에서 손목사이)	ساعد 써에드	손목	مچ = مچِ دست 모츠 = 모체 다스트
엉덩이	باسن 버쌘	넙적다리	ران 런
발톱	ناخن 너콘	종아리	ساق 써그
발가락	انگشتان 앙고쉬턴	얼굴모습	چهره 체흐레
발꿈치	پاشنه 퍼쉬네	발바닥	کف پا 캬페 퍼
상체	بالا تنه 벌러타네	하체	پایین تنه 퍼인 타네
긴 얼굴	صورت کشیده 쑤라테 케쉬데	둥근 얼굴	صورت گرد 쑤라테 게르드
큰 눈	چشم درشت 촤쉬메 도로쉬트	백인	سفید پوست 쎄피드 푸스트
황인종	زرد پوست 자르드 푸스트	흑인	سیاه پوست 씨어흐 푸스트
곱슬머리 (카락)	موی مجعد 무예 모자아드	생머리 (카락)	موی صاف 무예 써프
파마머리(카락)	موی فر 무예 훼르	긴머리(카락)	موی بلند 무예 볼란드
정좌하다	دو زانو نشستن 도 저누 네쏘스탄	무릎을 꿇고앉다	چهار زانو نشستن 처허르 저누네쏘스탄

ا- یک آپارتمانِ دو اطاق خوابه می خواهم.

A [옉 어퍼르테머네 도 오터게 커베 미커함] /예 어퍼르테머네 도 오터게 케베 미컴/

ب- برای خرید یا اجاره؟

B [바러예카리드 여 에저레?] /바러카리드 여 에저레?/

ا- برای اجاره.

A [바러예 에저레] /바러 에저레/

ب‌ـ اجاره اش حدود چند باشد؟

B [에저레아쉬 호두데 찬드 버솨드?] /에저레아쉬 호두데 찬 버쉐?/

ا‌ـ حدود نه صد هزار تومان در ماه.

A [호두데 노흐 싸드 헤저르 토먼 다르 머흐] /호두데 노 싸드 헤저르 투먼 다르 머/

ب‌ـ سپرده چقدر می توانید بدهید؟

B [쎄포르데체가드르미타버니드베다히드?] /쎄포르데체가드미투닌베딘?/

ا‌ـ بعداً به شما خبر می دهم. شماره ی تلفنتان را لطف کنید.

A [바아단 베 쇼머카바르미다함.쇼머레 예 텔레훠네턴러로트프코니드]
/바아단 베 쇼머카바르 미담.쇼머레에 텔레훠네투 노 로트프코닌/

ب‌ـ بفرمایید این کارت ویزیت من.

B [베화르머이드 인 커르테 비지테 만] /베화르머인 이 커르테 비지테 만/

A – 침실이 두 개있는 아파트를 원합니다.
B – 살겁니까 빌릴 겁니까?
A – 빌린건데요.
B – 어느 정도 가격을 원하나요?
A – 달에 약 90만토먼요.
B – 보증금은 얼마 줄 수 있나요?
A – 나중에 답할게요. 전화번호를 주시겠어요.
B – 자, 제 명함입니다.

4단계

문제 풀기

Ⅰ. 다음을 우리말로 옮기시오.

1) حامِد دستش را بر سطح زیرِ موکِت می کشد.

2) با پوست چیزها را لمس می کنیم.

3) افسانه چشم های ریز و مژه های کوتاه دارد.

4) مِهری چشم های بادامی و ابروهای کمانی دارد.

5) موهای سارا بلند و فر است.

Ⅱ. 다음을 이란어로 옮기시오.

1) 우리는 귀로 소리를 듣고, 혀로 맛을 본다.

2) 쉬린은 손으로 옷감의 부드러운 면을 쓰다듬다.

3) 노인들은 먼 곳의 것들은 잘 보지만, 가까운 것은 잘 보지 못한다.

4) 싸하르는 충치가 있다.

5) 마르얌은 어깨가 아프다.

무소식이 희소식
بی خبری، خوش خبری!
[비 카바리, 코쉬 카바리!]

제17과

در خیابان

🎧

- آقای عزیزی مردی مقرراتی است.
معمولاً می توانید او را چهار راه محله ببینید.

어거예 아지지 마르디 모가라라티 아스트.
마아물란 미타버니드 우 러 처허르러흐 마할레 베비니드.

- هنگامی که چراغ راهنمایی قرمز می شود، او سوت می زند و با یک دست جلوی ماشین ها را می گیرد و با دست دیگرش به ماشینهای طرف دیگر علامت می دهد تا حرکت کنند.

항거미 케 체러게 러흐르러흐 게르메즈 미샤바드, 우 쑤트 미자나드 바 버 옉 다스트 젤로예 머쉰허 러 미리라드 바 버 다스테 디갸레쉬 베 머쉰허예 타라훼 다갸르 알라마트 미다하드 터 하라캬트 코난드.

- هنگامی که او سر چهار راه ایستاده است، شما مطمئن هستید که ترافیک روان است و هیچ مشکلی پیش نمی آید: زیرا آقای عزیزی، این افسر با هوش و کاردان پلیس راهنمایی و رانندگی، رفت و آمد ماشین ها را به خوبی اداره می کند.

항거미 케 우 싸레 처흐르러흐 이스터데 아스트, 쇼머 모트마엔 하스티드 케 트러휙 라번 아스트 바 히치 모쉬켈리 피쉬 네미어야드: 지러 어거예 아지지, 인 아푸싸레 버후쉬 바 커르던 폴리쎄 러흐나마이 오 러난데기, 라프토 어마데 머쉰허 러 베쿠비 에더레 미코나드.

- خیابان مهر را تا انتها برو.
بعد به سمت راست بپیچ، وقتی سه راهی آبان رسیدی، به خیابان سمت چپ به نام آذر برو و میدان آذر را هم رد کن. اولین چهار راه سمت چپ، نبش خیابان، بانک سپه.

키어버네메흐르러 터 엔테허 보로.
바아드 베 쌈테러스트베피츠, 바그티쎄러히예어번레씨디, 베 키어버네쌈테찹 베 너메어자르 보로 바 메이더네어자르러 함 라드 콘. 아발린처허르러헤쌈테찹, 나브쉐키어번,번케쎄페흐.

- 아지지 씨는 규범적인 남자이다. 평상시 그를 관할 사거리에서 볼 수 있다.
- 신호등이 빨간색이 되면, 그는 호각을 불며 한 손으로는 자동차들을 막는다. 그리고 다른 한 손으로는 다른 쪽에 있는 자동차들에게 진행하도록 신호를 보낸다.
- 그가 사거리에 서 있으면, 여러분은 교통체증이라는 것을 알게 되지만 아무런 문제도 없을 것이라고 확신하게 된다: 왜냐하면 교통(인도) 경찰관인 영리하고 능숙한 이 담당자는 자동차들의 왕래를 원활하게 지휘하고 있기 때문이다.
- 메흐르거리를 끝까지 가라. 그리고 나서 오른쪽으로 돌아, 어번 삼거리에 도착하면, 왼쪽에 있는 어자르라는 이름의 거리로 가 그리고 또 어자르 광장을 지나가. 왼쪽의 첫번 째 사거리, 그 거리 모퉁이에, 쎄패흐 은행(이다).

1단계

단어

페르시아어	한국어	페르시아어	한국어
مقرراتی 모가라러티	법을 잘 지키는. 준법의	معمولاً مأمولان	일반적으로. 대개
می توانید 미타버니드	할 수 있다 (2인칭복수현재)	چهار راه 처허르 러흐	사거리. 네거리
محله 마할레	관할 구역. 지역.	چراغ راهنمایی 체러게 러흐나머이	신호등
سوت می زند 쑤트 미자나드	호각을 불다 (3인칭단수현재)	جلوی ...می گیرد 젤로예...	...앞을 가로막다 (3인칭단수현재)
علامت می دهد 알라마트 미다하드	신호를 보내다 (3인칭단수현재)	تا 터	...하기 위해서. ...하도록
حرکت کنند 하라캬트 코난드	출발하다 (3인칭단수 가정법현재)	سرِ 싸레	...(제) 자리에. ...바로 그곳에

مطمین هستید 모트마엔 하스티드	확신하다 (2인칭복수현재)	ترافیک 테러픽	교통량. 교통
روان 라번	흐르는. 유통하는.	پیش نمی آید 피쉬 네미어야드	벌어지다. 진행되다. 나타나다
افسر 아프싸르	담당자. 관리인	با هوش 버 후쉬	영리한. 똑똑한
کاردان 커르던	능숙한. 숙련된	رانندگی 러난데기	운전
رفت و آمد 라프토 어마드	왕래. 왕복	اداره می کند 에더레 미코나드	다루다. 관할하다. 처리하다
انتها 엔테허	끝. 극단. 종말	برو 보로	가라
سمت 쌈트	방향. 쪽	بپیچ 베피츠	돌아 가
سه راهی 쎄 러히	삼거리	آبان 어번	지명
به نامِ 베 너메...	...이름의	آذر 어자르	지명
میدان 메이던	광장	رد کن 라드 콘	지나가. 건너
اولین 아발린	첫째. 첫번 째의	نبش 나브쉬	모퉁이. 모서리
بانک 번크	은행	سپه 쎄패흐	سپاه/쎄퍼흐/의 단축형. 군대. 군사

2단계

1. 완전진행형

　동사의 현재형은 가까운 미래, 현재, 현재 진행을 의미한다. 그로 인해 완전한 진행을 표현할 때는 داشتن [더쉬탄/dāshtan/] (가지고 있다)의 동사를 조동사로 활용한다. 문장의 본동사는 현재진행형의 형태 그대로 쓴다.

- داشت کتاب من را می خواند.

[더쉬트 케타베 만 러 미 컨드] (그는 내 책을 읽고 있는 중이었다.)

- داشتم نامه می نوشتم

[더쉬탐 너메 미네베쉬탐] (나는 편지를 쓰고 있는 중이었다.)

- دارید ناهار می خورید.

[더리드 너허르 미코리드] (당신은 점심을 먹고 있는 중이다.)

3단계

표현 응용

관련 단어

추월금지	سبقت گرفتن ممنوع 쎄브가트 게레프탄 맘누으	주차금지	پارک کردن ممنوع 퍼르크 캬르단 맘누으
자전거도로	محل عبور دوچرخه سوار 마할레 오브레 도차르케 싸버르	일방통행	خیابان یک طرفه 키어버네 옉 타라훼
횡단 금지	عبور ممنوع 오브르 맘누으	보도. 인도	پیاده رو 피어데로
차도	سواره رو 싸버레로	육교	پل هوایی 폴레 하버이
(나무가 늘어선 넓은) 도로	بولوار 불버르	대로	بزرگراه 보조르그러흐
주유소	پمپ بنزین 폼페벤진	택시 정류장	ایستگاه تاکسی 이스트거헤 턱씨
버스 정류장	ایستگاه اتوبوس 이스트거헤 오토부스	고속도로	اتوبان 오토번

ا- پسری که دارد آن طرف خیابان راه می رود پرویز نیست؟

A [페사리 케 더라드 언 타라풰 키어번 러흐 미라바드 파르비즈 니스트?]
/페사리 케 더레 운 타라풰 키어분 러 미레 파르비즈 니스?/

ب- چرا، خودش است.

B [체러, 코데쉬 아스트] /체러, 코데쉐/

ا- عجیب است. تا مرا دید، سرش را برگرداند و تندتر کرد.

A [아집 아스트. 터 마러 디드, 싸레쉬 러 바르갸르던드 바 톤드 캬르드]
/아지메. 터 마러 디드, 싸라쉬 로 바르갸르던도 톤드타르 캬르드/

ب- علتش را می دانم. تو چند روز پیش راجع به قرضی که ازم کرده بود به او چیزی نگفتی؟

B [엘라테쉬러미더남. 토 찬드루제피쉬러제 베 가르지 케아잠캬르데부드 베 우 치지 나호프티?]
/엘라테쉬 로 미두남. 토 찬 루제피쉬러제 베 가르지 케아잠캬르데부드 베 우 치지 나고프티?/

ا- چرا. ولی دقیقاً نه.

A [체러. 발리 다기간 나] /체러. 발리 다간 나/

ب- می دانم. ولی یادت باشد که خوب است که میان دوستان درباره ی پول صحبت نکنی.

B [미더남] /미더남/
[발리 여다트 버쇠드 케 쿱 아스트 케 미여네 두스턴 다르 버레예 풀 쏘흐바트 나코니]
/발리 여다트 버쇄 케 쿠베 케 미유네 두스터 다르 버레예 풀 쏘흐바트 나코니/

A – 길 저편을 가고 있는 아이 파르비즈 아니야?

B – 맞아, 그 아이인데.

A – 이상하다. 나를 봤을 때, 고개를 돌렸고 서둘렀어.

B – 그 이유를 알아. 너 며칠전 내가 그 아이에게 빌려준 돈에 대하여 말않했어?

A – 그래 했어. 그렇지만 정확하게 말하지 않았는데.

B – 알아. 그런데 친구들 사이에는 돈에 관하여 이야기 하지 않는 것이 좋은거야 기억해둬.

문제 풀기

I. 다음을 우리말로 옮기시오.

1) خیابانِ کارگر را تا انتها برو.

2) بعد به سمتِ راست بپیچ و دوباره مستقیم حرکت کن.

3) چهار راه سعدی را رد کن. خیابان را مستقیم برو.

4) اولین خیابانِ سمتِ راست را برو بالا.

5) اولین کوچه ی سمت چپ، بن بست مهردار پلاک هشتم در همانجا شما را منتظر می کنیم.

II. 다음을 이란어로 옮기시오.

1) 샤흐르반드 서점은 메흐르 거리 골목어귀에 있다.

2) 술타니예 집 근처에 큰 광장이 있다.

3) 매일 밤, 테헤란의 대부분의 거리는 교통체증이 심해 괴롭습니다.

4) 거리에는 다양한 상점이 있다.

5) 교통경찰이 사거리에 서 있다.

엎친데 덮친 격

قوز بالا قوز شدن

[구즈 벌러 구즈 쇼단]

제18과

18   صفت

🎧

پروین: من از شخصیت زهرا در فیلم زن ناراضی خوشم نیامد.
آدم بی وجدان و سنگ دلی بود.

파르빈: 만 아즈 샤크씨야테 자흐러 다르 필메 자네 너러지 코샴 나여마드. 어다메 비베즈던 바 쌍델리 부드.

علی: نه، نگو، اتفاقاً زن جالب و باشعوری بود.

알리: 나, 나구, 에테훠간 자네 절렙 바 버쇼우리 부드.

پروین: باشعور؟ زن بی رحمی که بچه اش را به یک خانواده ی غریبه ببخشد، باشعور است؟

파르빈: 버쇼우르? 자네 비라흐미 케 바체아쉬 러 베 옉 커네버데예 가리베 베바크샤드, 버쇼우리 아스트?

علی: بله، زن فقیر و تنهایی که یکی از دو بچه اش را به خانواده ی ثروتمندی می دهد تا بزرگش کنند، به نظر من دوراندیش و فداکار است.
این طوری لااقل آن یکی بچه اش را می تواند بزرگ کند.
اتفاقاً او بسیار منطقی و واقع بین است.

알리: 발레, 자네 화기르 바 탄허이 케 예키 아즈 도 바체아쉬 러 베 커네버데예 싸르바트만디 미다하드 터 보조르게쉬 코난드, 베 나자레 만 두르안디쉬 바 훠더커리 아스트.
인 토리 러아갈 언 예키 바체아쉬 러 미타버나드 보조르그 코나드.
에테훠간 우 베쓰여르 만테기 바 버게 빈 아스트.

پروین: نه، رفتار این آدم غیر عاطفی است.
اصلاً او نمی داند عاطفه یعنی چه، دیوانه!

파르빈: 나, 라프터레 인 어담 게이레 어테피 아스트.
아쓸란 우 네미더나드 어테훠 야아니 체, 디버네!

علی: ولی به نظر من زهرا هم عاطفی بود، هم شجاع.
تو خیلی احساساتی به رفتار او نگاه می کنی.
البته خیلی ها جرأت نمی کنند کار او را بکنند.

알리: 발리 베 나자레 만 자흐러 함 어테휘 부드, 함 쇼저으.
토 케일리 에흐써써티 베 라프터레 우 네거흐 미코니.
알바테 케일리허 조르아트 네미코난드 커레 우 러 베코난드.

پروین: چون هیچ مادر فداکاری حاضر نیست بچه اش را از دست بدهد.

파르빈: 춘 히치 머다레 훠더커리 허제르 니스트 바체아쉬 러 아즈 다스트 베다하드.

161

파르빈: 난 영화 속의 자흐러의 캐릭터가 불만스럽고, 마음에 않들어. 비양심적이고 무정해.
알리: 아니야, 그런 말마, 어쨌든, 재미있고 이지적인 여자야.
파르빈: 이지적이라구? 자기 아이를 낯선 가족에게 보내는 무자비한 여자를 이지적?
알리: 그래, 두 아이 중 한 아이를 부자집에서 자라도록 한 가난하고 홀로 된 여자가, 내 생각에는 선견지명이 있고, 희생적이야.
그렇게 해서 적어도 한 아이는 키울 수 있고, 어쨌든 그녀는 매우 합리적이고, 현실주의자야.
파르빈: 아니, 여자의 행동은 매정해. 그녀는 전혀 애정이란 것이 무엇인지 모르고 있어, 미쳤다구!
알리: 그러나 내 생각에 자흐는 애정도 용기도 있었다구.
너는 그녀의 행동을 너무 민감하게 보고 있다구.
물론 대부분의 사람들은 감히 그녀가 한 일을 할 수 없지만.
파르빈: 엄마란 절대로 자신의 아이를 잃을 수는 없는 것이니까.[42]

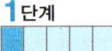

단어

شخصیت 쇼크씨야트	성격. 성질. 캐릭터	ناراضی 너러지	불만스러운. 불만족하는
بی وجدان 비 베즈던	양심없는. 불성실한	سنگ دل 쌍델	잔인한. 무자비한
با شعور 버 쇼우르	총명한. 이지적인	بی رحم 비 라흠	잔혹한. 무자비한
غریبه 가리베	낯선 사람. 이방인	[43] تا...	…하도록.
دور اندیش 두르 안디쉬	선견지명이 있는. 멀리 내다보는	فداکار 훼더커르	헌신적인. 희생적인. 헌신자
لااقل 러아갈	적어도	منطقی 몬테기	논리적인. 합리적인

---
[42] 직역을 하면, '(그녀의) 아이를 포기하는 헌신적인 어머니는 있지 않기 때문이다'가 된다.
[43] 동사의 가정형이 옴.

واقع بین 버게 빈	현실주의자. 현실주의의	رفتار 라프터르	행동. 행위
غیر عاطفی 게이레 어테피	감정이 없는.매정한	عاطفه 어테훼	애정. 정. 동정
یعنی چه 야아니 체	의미가 무엇인가. 즉. 말하자면.	هم ... هم ... 함...함...	…도….도
شجاع 쇼저으	용감한. 용기있는. 대담한	احساسات 에흐써써트	기분. 감정. 연민 (복수)
خیلی ها 케일리 허	(여기서는) 많은 사람들.	جرأت کردن 조르아트 캬르단	감히…하다. 도전하다.
حاضر نیست 허제르 니스트	없다. 출석하지 않다. 준비하고 있지않다 (3인칭단수현재)	از دست دادن 아즈 다스트 더단	잃다. 놓치다

2단계

문법 알기

1. 가정법 완료형

가정법 완료형은 과거분사에 **بودن** [부단]동사의 가정법 현재형을 붙여서 만든다.

خوردن [코르단] (먹다)의 가정법 완료형

	단수	복수
1인칭	**خورده باشم** 코르데 버샴	**خورده باشیم** 코르데 버쉼
2인칭	**خورده باشی** 코르데 버쉬	**خورده باشید** 코르데 버쉬드
3인칭	**خورده باشد** 코르데 버샤드	**خورده باشند** 코르데 버샨드

가정법 완료형의 부정

	단수	복수
1인칭	نخورده باشم 나코르데 버샴	نخورده باشیم 나코르데 버쉼
2인칭	نخورده باشی 나코르데 버쉬	نخورده باشید 나코르데 버쉬드
3인칭	نخورده باشد 나코르데 버샤드	نخورده باشند 나코르데 버샨드

가정법 완료형의 용법

과거에 걸친 동작, 상태에 대한 의혹, 불확실, 추리, 기원, 의심 등을 표현할 때 활용한다. 조동사와 과거의 조건문에도 활용하기도 한다.

می ترسم او رفته باشد.

[미타르쌈 우 라프테 버샤드] (나는 그가 가버렸을까봐 두렵다.)

دیوانه شده باشد.

[디버네 쇼데 버샤드] (그는 미쳤는지도 몰라.)

نمی دانم او آن را خورده باشد یا نه.

[네미더남 우 언 러 코르데 버샤드 여 나] (그가 그것을 먹었는지 아닌지 나는 모른다.)

باید رفته باشد.

[버야드 라프테 버샤드] (그는 갔었음에 틀림없어.)

شاید این را ندانسته باشند.

[셔야드 인 러 나더네스테 버샨드] (그들은 아마 이것을 알지 못했을거야.)

امیدوارم نامه ی من رسیده باشد.

[오미드버람 너메 예 만 레시데 버샤드] (나는 내 편지가 닿았기를 바란다.)

اگر هنوز نرفته باشد به او حرف می زنم.

[아갸르 하누즈 나라프테 버샤드 베 우 하르프 미자남]

(만일 아직 그가 가지 않았다면, 나는 그에게 말할 것이다.)

3단계 표현 응용

A. ‑ خیلی خوش آمدید

A [케일리 코쉬 어마디드]

B. متشکرم.

B [모케샼케람]

A. ‑ راحت باشید، منزل خودتان است

A [러하트 버쉬드, 만젤레 코데턴 아스트]

B. ‑ این هدیه را خانمم برای شما

B [인 하디예 러 커놈맘 바러예 쇼머]

A. ‑ خجالت می دهید

A [케절라드 미다히드]

B. ‑ می توانم ببینم؟

B [미타버남 베비남?]

A. ‑ البته، این ساخت ایران است

A [알바테, 인 써크테 이런 아스트]

B. ‑ به به! چقدر قشنگ است!

B [바흐바흐! 체가드르 가샹 아스트!]

A. ‑ خانمم به شما خیلی سلام رساند

A [커놈맘 베 쇼머 케일리 쌀럼 라썬드]

B. ‑ متشکرم، جایش خیلی خالی است

B [모테샼케람, 저예쉬 케일리 컬리 아스트]

A ‑ 대단히 환영합니다.
B ‑ 감사합니다.
A ‑ 편안히, 당신의 집이라 생각하세요.
B ‑ 이 선물을 제 아내가 당신에게.
A ‑ 부끄럽게 하시는 군요.
B ‑ 봐도 될까요?

A ‑ 물론입니다. 이것은 이란제 입니다.
B ‑ 어머! 너무 아름다워요!
A ‑ 제 아내가 당신에게 안부를 전했어요.
B ‑ 감사합니다. 부인이 않계셔서 섭섭하네요.

4단계

문제 풀기

I. 다음을 우리말로 옮기시오.

1) خیال نمی کنم که اشتباه کرده باشم.

2) در خانه برای یاد گرفتنِ فارسی خیلی کوشش کرده بودم.

3) پسرِ او داشت کتاب فارسی می خواند.

4) در آن وقت شما داشتید چه کار می کردید؟

5) نفهمیدی داری چه کار می کنی.

II. 다음을 이란어로 옮기시오.

1) 매일 당신의 어머니에게 한 통의 편지를 쓰세요.

2) 저 상점에서 쌀을 사라.

3) 이 방 열쇠를 그의 친구에게 주지 마세요.

4) 하산씨는 그 일을 하지 않았던 것이 틀림없어요.

5) 내가 그것을 알고 있었더라면, 그 아이의 엄마에게 말했을 겁니다.

III. 다음 빈 칸에 적당한 어휘를 넣으시오.

چاقی	چرب	پخته	روغن	نمک

1) غذا ی شور پر از _____ است.

2) غذای چرب پر از _____ است.

3) غذاهای _____ و آب پز زود هضم می شوند.

4) غذا های سرخ شده موجب _____ و افزایشِ وزن می شوند.

5) غذاهای _____ دیر هضم می شوند.

> # 뭉치면 산다.
> یک دست صدا ندارد.
> [예 다스 쎄더 나더레]

■ 이란인의 성격

이란인의 성격과 기질은 일반적으로 적극적이다. 타인에게는 배려를 잘 하고 친절하다. 가장 싫어하는 것은 심술궂다거나 인색한 기질이다. 성질이 급하거나 화를 잘 내는 것도 혐오하는 기질이다. 그리고 사회 계층간이나 남녀 구별없이 자신의 주장을 잘 표현한다. 이슬람의 평등사상이 잘 반영된 기질인 것을 알 수 있다.

■ 이란인과 시

이란인을 '시의 백성'이라고 불리는 것처럼 페르시아 고전시는 9세기부터 20세기 초에 이르는 장구한 역사의 흐름을 거치면서 페르시아어권의 문학을 대표해 왔다. 신화. 역사를 장대한 영웅서사시로 남긴 훼르도씨, 로맨스서사시인 네저미, 신비주의 서사시인 루미(모흐라비), 서정시인 허페즈, 사행시인 오마르 캬이염 등 시문학사의 대표 시인이다. 산문을 신하로, 운문인 시를 왕으로 비유하는 이란의 시는 일반 대중들이 즐겨 찾는 문학 장르이다.

현대시인으로는 쏘흐럽 쎄패흐리(1928~1980)과 아카번 썰레쓰(1928~1990), 아흐마드 셤루(1925~2000)는 손꼽을 수 있다.

제19과

نامه

دوستِ مهربانِ عزیزم

سلام. حالتان چطور است؟ من حالم خوب است. ما از بهار همدیگر را ندیده ایم. من کار زیاد دارم. شاید تو هم کار زیاد داری. در دانشگاه تهران ما باید زیاد درس بخوانیم. راستی، من امروز با دوستان کلاسم پیش استاد فارسی رفتم. خواهرش برای ما غذای ایرانی درست کرد. غذایش خوشمزه بود، و چای هم خوشمزه بود. بعد، عکس های استاد را دیدیم. ویدئوی آواز و رقص ایرانی هم دیدیم. آن آواز و رقص قشنگ بود. ستاره، دختر خواهرِ او، را دیدم. او نازنین بود. تعطیلِ تابستانيِ تو از کِی است؟ در تعطیلِ تابستان به کره خواهی رفت؟ به من خبر بده خداحافظ. همیشه خوشحال و تندرست باشی.

از دوستت مینا

두스테 메흐라버네 아지잠

쌀럼. 헐레툰 체토르 아스트? 만 헐람 쿱 아스트. 머 아즈 바허르 함디갸르 러 나디데 임. 만 커레 지여드 더람. 셔야드 토 함 커레 지여드 더리. 다르 더네쉬거헤 테흐런 머 버야드 지여드 달쓰 베커님. 러쓰티, 만 엠루즈 버 두스터네 캘러쌈 피셰 오스터데 훠르씨 라프탐. 커하레쉬 바러예 머 가저예 이러니 도로스트 캬르드.

가저야쉬 코쉬마제 부드, 바 처이 함 코쉬마제 부드.

바드, 아크쓰허예 오스터드 러 디딤. 비디오예 어버즈 바 라그쎄 이러니 함 디딤.

언 어버즈 바 라그쓰 가샹 부드. 쎄터레, 도크타레 커하레 우, 러 디담. 우 너자닌 부드.

타아틸레 터베스터니예 토 아즈 케이 아스트? 다르 타아틸레 터베스턴 베 코레 커히 라프티? 베 만 카바르 베데.

코더 허페즈.

하미쉐 코쉬헐 바 탄도로스트 버쉬.

아즈 두스타트 미너

친절하고 사랑하는 나의 친구

안녕. 건강하니? 나는 건강해. (우리들은) 봄부터 서로 못만나고 있구나. 나는 일이 많아. 아마 너도 일이 많겠지. 테헤란대학에서 우리들은 반드시 열심히 공부해야만 해. 정말, 나는 오늘 과친구와 페르시아어 교수님에게 갔어. 교수님의 여동생은 우리들에게 이란음식을 만들어 주셨어. 음식은 맛있었고, 홍차도 맛있었어. 그 후, 교수님의 사진들을 보았어. 이란 노래와 춤 비디오도 보았어. (그) 노래와 춤은 아름다웠어. 교수님의 여동생의 딸인, 세터르를 보았어. 그녀는 상냥하고 친절했어. (너의) 여름 방학은 언제부터니? 여름 방학에 한국에 갈거니? 내게 알려 줘.

안녕. 언제나 잘 지내고 건강해.

너의 친구 미너로부터

1단계

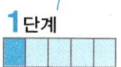

عزیز	친애하는	چطور	어떻게
بهار	봄	همدیگر	서로. 상호
استاد	교수	درست کردن	만들다. 요리하다
عکس	사진	ویدئو	비디오
آواز	노래. 뮤직	رقص	춤. 댄스
ستاره	별. 여자이름	نازنین	유쾌한. 친절한
تعطیل	휴가. 방학	تابستانی	여름의
خبر دادن	소식을 전하다	همیشه	언제나. 항상
خوشحال	기쁜. 즐거운	تندرست	건강한. 튼튼한

2단계

문법 알기

1. 조동사

1) توانستن [타버네스탄] (할 수 있다)의 현재형

조동사는 본동사를 보조하는 역할을 하는 동사를 의미한다. 문장에서 조동사는 주어 바로 다음에 위치한다. 조동사로는, **خواستن** [커스탄] (원하다), **توانستن** [타버네스탄] (할 수 있다), **بایستن** [버예스탄] (틀림없다. 해야 만한다), **شایستن** [셔예스탄] (아마), **گذاشتن** [고저쉬탄] (허락하다)를 예로 들수 있으며, 이 때 본동사는 가정형이 된다.

조동사를 일반동사와 같이 활용시키고, 본동사는 가정법현재형으로 하여 조동사와 본동사의 인칭어미는 반드시 동일해야 한다.

توانستن [타버네스탄] (할 수 있다) → 현재어근 **توان** [타번] 현재형

	단수	복수
1인칭	می توانم بخورم 미타버남 베/보/⁽⁴⁴⁾코람	می توانیم بخوریم 미타버님 베/보/코림
2인칭	می توانی بخوری 미카버니 베/보/코리	می توانید بخورید 미타버니드 베/보/코리드
3인칭	می تواند بخورد 미타버나드 베/보/코라드	می توانند بخورند 미타버난드 베/보/코란드

부정형

조동사의 부정형이기 때문에 조동사에만 부정접두사를 붙이고, 본동사는 그대로 긍정형이다.

---

44 구어발음이 문어에 정착된 경우로, [보]로 발음하는 경우가 많다.

	단수	복수
1인칭	نمی توانم بخورم 네미타버남 베/보/코람	نمی توانیم بخوریم 네미타버님 베/보/코림
2인칭	نمی توانی بخوری 네미타버니 베/보/코리	نمی توانید بخورید 네미타버니드 베/보/코리드
3인칭	نمی تواند بخورد 네미타버나드 베/보/코라드	نمی توانند بخورند 네미타버난드 베/보/코란드

과거형

조동사만 과거형으로 변형이 되고, 본동사는 현재형이 된다.

	단수	복수
1인칭	توانستم بخورم 타버네스탐 베/보/코람	توانستیم بخوریم 타버네스팀 베/보/코림
2인칭	توانستی بخوری 타버네스티 베/보/코리	توانستید بخورید 타버네스티드 베/보/코리드
3인칭	توانست بخورد 타버네스트 베/보/코라드	توانستند بخورند 타버네스탄드 베/보/코란드

부정형

부정형은 조동사에만 부정접두사를 붙인다.

	단수	복수
1인칭	نتوانستم بخورم 나타버네스탐 베/보/코람	نتوانستیم بخوریم 나타버네스팀 베/보/코림
2인칭	نتوانستی بخوری 나타버네스티 베/보/코리	نتوانستید بخورید 나타버네스티드 베/보/코리드
3인칭	نتوانست بخورد 나타버네스트 베/보/코라드	نتوانستند بخورند 나타버네스탄드 베/보/코란드

2) بایستن [버예스탄] (해야만 한다)와 شایستن [셔예스탄] (아마...일 것이다)

두 조동사는 일반동사의 변용을 하지 않는 예외적인 조동사이다.

بایستن → 현재형 باید [버야드], 과거형 بایست [버예스트]

شایستن → 현재와 과거 상관없이 شاید [셔야드]

두 조동사는 인칭어미의 변화없이 활용되는 예외적인 조동사이다.

현재형

	단수	복수
1인칭	باید بروم 버야드 베람	باید برویم 버야드 베라빔
2인칭	باید بروی 버야드 베라비	باید بروید 버야드 베라비드
3인칭	باید برود 버야드 베라바드	باید بروند 버야드 베라반드

과거형

	단수	복수
1인칭	بایست بروم 버예스트 베람	بایست برویم 버예스트 베라빔
2인칭	بایست بروی 버예스트 베라비	بایست بروید 버예스트 베라비드
3인칭	بایست برود 버예스트 베라바드	بایست بروند 버에스트 베라반드

부정형은 조동사 باید와 بایست의 앞에 부정접두사 ن를 붙이면 변용된다.

단, باید [버야드]에 본동사가 가정법현재형이 되면, '...임에 틀림없다'로, 가정법완료형이 오면, '...했음에 틀림없다'의 의미가 된다.

این میوه باید فاسد باشد.

[인 미베 버야드 훠쎄드 버샤드] (이 과일은 썩은 것이 틀림없다.)

باید آنجا رفته باشد.

[버야드 언저 라프테 버샤드] (그는 그곳에 갔었음에 틀림없다.)

شاید 형만으로 활용되며, 본동사는 가정법현재형과 완료형이 된다.

현재형 (아마 ....할 것이다)

	단수	복수
1인칭	شاید بروم 셔야드 베라밤	شاید برویم 셔야드 베라빔
2인칭	شاید بروی 셔야드 베라비	شاید بروید 셔야드 베라비드
3인칭	شاید برود 셔야드 베라바드	شاید بروند 셔야드 베라반드

과거형 (아마 ...했을 것이다)

	단수	복수
1인칭	شاید رفته باشد 셔야드 라프테 버샤드	شاید رفته باشیم 셔야드 라프테 버쉼
2인칭	شاید رفته باشی 셔야드 라프테 버쉬	شاید رفته باشید 셔야드 라프테 버쉬드
3인칭	شاید رفته باشد 셔야드 라프테 버샤드	شاید رفته باشند 셔야드 라프테 버샨드

شاید فردا اینجا بیاید.

[셔야드 화르더 인저 비어야드] (그는 아마 내일 여기 오겠지요.)

شاید این کتاب را خوانده باشید.

[셔야드 인 케텁 러 컨데 버쉬드] (아마 당신은 이 책을 읽었겠지요.)

شاید فردا بتواند بیاید.

[셔야드 화르더 베타버나드 비어야드] (그는 아마 내일 올 수 있을 거에요.)

3단계

표현 응용 🎧

A. کارت تبریک عید خریدید؟

A [커르테 타브리케 에이드 카리디드?] /커르테 타브리케 에이드 카리딘?/

B. هنوز وقت نکردم.

B [하누즈 바그크 나캬르담] /하누즈 바그트 나캬르담/

A. بهتر است تا دیر نشده کارت ها را بخریم.

A [베흐타르 아스트 터 디르 나쇼데 커르트허 러 베카림] /베흐타레 터 디르 나쇼데 커르트허 로 베카림/

B. امروز یا فردا چطور است؟

B [엠루즈 여 화르더 체토르 아스트?] /엠루즈 여 화르더 체토레?/

A. فردا ساعت دو باهم برویم.

A [화르더 써아테 도 버함 베라빔] /화르더 써아테 도 버함 베림/

B. فکرِ خریدِ چند هدیه نیز باید باشیم.

B [훼크레 카리데 찬드 하디예 니즈 버야드 버쉼] /훼크레 카리데 찬 헤디예 니즈 버야드 버쉼/

A. بنظرم گُل بهترین هدیه است.

A [베나자람 골 베흐타린 하디예 아스트] /베나자람 콜 베흐다린 헤디에 아스/

A – 설날 축하 카드 샀어요?
B – 아직 시간을 못냈어요.
A – 늦지 않도록 카드를 사러가는게 좋겠어요.
B – 오늘 혹은 내일 어때요?
A – 내일 두시에 함께 가지요.
B – 몇 개 선물을 살 생각도 해야만 해요.
A – 제 생각에 꽃이 가장 좋은 선물이에요.

4단계

문제 풀기

Ⅰ. 다음을 우리말로 옮기시오.

1) او رفته بود بیرون.

2) رفتنشان با خودشان است، برگشتنشان با خداست. شما با ایشان قرار داشتید؟

3) نه، ولی کار فوری داشتم و باید همین امروز ایشان را ببینم.

4) اگر ده دقیقه زودتر آمده بودید، ایشان را دیده بودید.

5) اگر بیشتر درس خوانده بودید، قبول می شدید.

Ⅱ. 다음을 이란어로 옮기시오.

1) 아마 이것을 그는 몰랐을 거에요.

2) 나는 저 가방을 원했다.

3) 당신은 이란음식을 먹고 싶지 않았습니까?

4) 우리들은 그 남자를 만나고 싶어요.

5) 당신은 내일 한국으로 출발해야만 합니다.

6) 나는 당신이 이 편지를 읽는 것을 허락합니다.

7) 우리들은 그 일을 할 수 있었다.

8) 당신 아버지는 운전할 수 있습니까?

9) 나는 이란어를 배우기 위해 이란에 가고 싶습니다.

10) 아마도 그 아이는 몰랐을 거에요.

Ⅲ. 다음 빈 칸에 적당한 어휘를 넣으시오.

بلند	خیس	گرسنه	کثیف	ناراحت

1) شلوارم _____ است. باید آن را کوتاه کنم.

2) پیراهنم _____ است. باید آن را تمیز کنم.

3) پدرم _____ است. باید اورا خوشحال کنم.

4) بچه _____ است. باید او را سیر کنم.

5) لباسم _____ است. باید آن را خشک کنم.

남의 떡이 커 보인다.

مرغ همسایه غاز است.

[모르게 함써예예 거제]

■ 편지쓰기의 순서

일반적으로 사적인 편지쓰기의 순서는 다르지 않다. 그러나 공식적인 편지의 순서는 아래와 같이 작성하는 것이 좋다. 이란인들은 매체의 발달에도 불구하고 중요한 의사전달은 편지로 전달하고, 서명을 매우 중요시 여기고 있다.

- 일시와 장소
- 수신인 성명
- 안부. 의례적인 인사
- 본문
- 기원. 의례적인 마침 인사
- 발신인 성명
- 첨부. 추신
- 발신인 주소. 서명

مشکلِ روزمره

- ساسان هیچ وقت آن روزِ عجیب را فراموش نمی کند.
써썬 히치 바그트 언 루제 아집 러 화러무쉬 네미코나드

- او ساعت را برای هفتِ صبح کوک کرده بود، اما باتریِ آن تمام شد.
우 써아트 러 바러예 하프테 썹 코크 캬르데 부드, 암머 버트리예 언 타맘 쇼드

- ساعت دقیقاً رأسِ شش و پنجاه و نُه دقیقه خوابید و زنگ نزد.
써아트 다기간 라쎄 쉐쇼 판저호 노흐 다기게 커비드 바 장 나자드

- ساسان یک دفعه ساعتِ هشت و چهل و پنج دقیقه از خواب پرید.
써썬 옉 다프에 써아테 하쉬토 체헬로 판즈 다기게 아즈 컵 파리드

- به سرعت لباس هایش را پوشید، اما یکی از دکمه های پیراهنش افتاده بود.
베 쏘르아트 레버스허야쉬 러 푸쉬드, 암머 옉키 아즈 도크메하예 피러하네쉬 오프터데 부드

- بنابراین مجبور شد دکمه اش را بدوزد.
바너바르인 마즈부르 쇼드 도크메아쉬 러 베두자드

- به هر ترتیب، ساسان از خانه بیرون آمد و سوارِ تاکسی شد، اما هنوز به اداره نرسیده بود که تاکسی با اتومبیلِ دیگری تصادف کرد.
베 하르 타르팁, 써썬 아즈 커네 비룬 어마드 바 싸버레 턱시 쇼드, 암머 하누즈 베 에더레 나레씨데 부드 케 턱씨 버 오토모빌레 디갸리 타써도프 캬르드

- ساسان بقیه ی راه را پیاده رفت.
써썬 바기예예 러흐 러 피어데 라프트

- 써썬은 결코 그 이상한 날을 잊어버릴 수 없다.
- 그는 시계를 아침 7시에 맞춰두었다. 그러나 시계의 건전지가 없었다.
- 시계는 정확히 6시 59분에 멈춰있었고 벨이 울리지 않았다.
- 써썬은 8시 45분에 순식간 잠이 확 깼다.
- 급히 옷을 입었다. 그러나 웃옷의 단추 하나가 떨어져 있었다.
- 그래서 단추를 달 수밖에 없었다.
- 그렇게 하여, 써썬은 집을 나와 택시를 탔다. 그런데 아직 사무실에 도착하지 않았는데 택시는 다른 자동차와 사고가 났다.
- 써썬은 남은 길을 걸어서 갔다.

1단계

단어

ساسان	써썬(남자이름)	تمام شد	끝냈다 (3인칭단수)
هیچ وقت	결코...아니다	دقیقاً	정확하게. 정확히
عجیب	이상한	رأس	정상.
فراموش نمی کند	그는 잊어버리지 않는다	پنجاه و نه	59
کوک کرده بود	조절했다 (3인칭단수과거완료)	خوابید	잤다 (3인칭단수과거)
باتری	건전지	زنگ نزد	벨이 울리지 않았다 (3인칭단수과거)
چهل و پنج	45	از خواب پرید	잠이 확 깼다 (3인칭단수과거)
به سرعت	급히. 급속히	لباس هایش	그의 옷들
پوشید	입었다 (3인칭단수과거)	یکی از...	...중 하나
دکمه ها	단추들	پیراهنش	그의 옷옷
افتاده بود	떨어졌다 (3인칭단수과거완료)	بنابراین	그러므로. 그래서
مجبور شد	해야만했다. (3인칭단수과거)	بدوزد	꿰매다 (3인칭단수 가정법현재)
به هر ترتیب	이런 방법으로	از...بیرون آمد	...에서 나갔다 (3인칭단수과거)

سا무실	اداره	...로	به
사고났다 (3인칭단수과거)	تصادف کرد	다른 자동차	اتومبیلِ دیگری
걸어서	پیاده	나머지 길. 남은 길	بقیه ی راه

문법 알기

1. 재귀대명사

재귀대명사는 خود [코드], خویش [키쉬], خویشتن [키쉬탄] 3종류가 있다. 현대이란어에서는 خود의 빈도수가 많다.

(1) خود가 단독으로 사용되는 경우

او خود آمد. [우 코드 어마드] (그는 스스로 왔다)
خودِ شما گفتید. [코데 쇼마 호프티드] (당신은 스스로 말했다)
مانی خود نقاش بود. [머니 코드 나꺼쉬 부드] (머니는 스스로가 화가였다)

(2) خود에 비분리인칭대명사가 붙는 경우

خودم [코담] (나 자신)   خودمان [코데먼] (우리 자신)
خودت [코다트] (너 자신)   خودتان [코데턴] (당신 자신)
خودش [코데/다/쉬] (그/그녀/자신) خودشان [코데션] (그들/그녀들 자신)
خودم رفتم. [코담 라프탐] (나 자신이 갔다)

(3) خویشتن، خویش، خود가 명사 뒤에 오면, (자신의. 자기의) 의미

ما پدر خود را دوست داریم.
[머 페다레 코드 러 두스트 더림] (우리는 자신의 아버지를 사랑한다.

خواهران خویش [커하러네 키쉬] (자신의 자매들)

خانه ی خودم [커네 예 코담] (나 자신의 집)

دوستان قدیم خود [두스터네 가디메 코드] (자신의 옛날 친구들)

3단계

표현 응용 🎧

من : مریم خانم، از کتابخانه چه کتابهایی گرفتید؟
[만 : 마르얌 커놈, 아즈 케텁커네 체 케텁허이 게레프티드?] /마르얌 커눔, 아즈 케텁쿠네 치 케터버이 게레프틴?/

مریم : بیشتر کتابهای شعر امانت گرفتم.
[마르얌 : 비쉬타르 케텁허예 쉐으르 아머나트 게레프탐.] /비쉬타르 케터버 예 쉐르 아머나트 게레프탐/

من : شما واقعاً عاشق شعر هستید. من که شعرهای قدیم برایم خیلی سخت است و مدتها می کشد تا خوب یاد بگیرم
[만 : 쇼마 버게안 어쉐게 쉐으르 하스티드. 만 케 쉐으르허예 가딤 바러얌 케일리 싸크트 아스트 바 모다트허 미케샤드 터 쿱 여드 베기람.]
/쇼머 버게안 어쉐게 쉐르 하수틴. 만 케 쉐으르예 가딤 바럼 케일리 싸크테 바 모다터 미케쉐 쿱 여드 베기람/

مریم : شعرهای امروز چه؟ مثلاً اخوان ثالث، سهراب سپهری،...
[마르얌 : 쉐으르허예 엠루즈 체? 마쌀란 아카버네 썰레쓰, 쏘흐러베 쎄패흐리,...]
/쉐러 예 엠루즈 치? 아카버네 썰레쓰, 쏘흐러베 쎄패흐리..../

من : هان! من از شعر سپهری خوشم می آید. یکی از شعرهایش را هم در کلاس فارسی حفظ کرده ام.
[만 : 헌! 만 아즈 쉐으레 쎄패흐리 코샴 미 어야드. 옉키 아즈 쉐으르허야쉬 러 함 다르 켈러세 훠르씨 헤프즈 캬르데 암.]
/헌! 만 아즈 쉐레 쎄패흐리 코샴 미어드. 예키 아즈 쉐러에쉬로 함 다르 켈러쎄 훠르씨 헤프즈 캬르담/

مریم : آفرین! حقیقاً سپهری یکی از محبوب ترین شاعرهای امروز است.
[마르얌 : 어화린! 하기가탄쌔패흐리옉키아즈마흐붑타린셔에르허예엠르즈아스트]
/어화린! 하기가탄쌔패흐리옉아즈마흐붑타린셔에러예엠르제/

> 나 : 마르얌씨, 도서관에서 어떤 책들을 빌렸어요?
> 마르얌 : 대부분 시들을 빌렸어요.
> 나 : 당신은 정말 시를 좋아하는군요. 저는 옛날 시들이 너무 어려워요 그리고 잘 외우기 위해서는 시간이 많이 걸릴거에요.
> 마르얌 : 현대시는 어때요? 예를 들면 아카번 썰레쓰, 쏘흐럽 쌔피흐리....
> 나 : 그래요! 저는 쌔패흐리 시를 좋아해요. 그의 시들중에 하나를 페르시아어수업에서 외웠어요.
> 마르얌 : 잘 됐네요! 정말 쌔패흐리는 현대시인들 중 가장 인기있는 시인이에요.

4단계

문제 풀기

I. 다음을 우리말로 옮기시오.

1) او خواست دکمه ی آسانسور را بزند که نگهبانِ اداره جلو آمد و گفت:
   ((امروز باید تا طبقه ی هفتم پیاده بروید.))

2) چون آسانسور خراب است. ساسان نفس زنان واردِ اتاق شد.

3) وقتی می خواست در را ببندد، انگشتش لای در ماند.

4) کامپیوتر چند تا بوق زد و ناگهان خاموش شد.

5) عجب! تلفن هم قطع بود.

II. 다음을 이란어로 옮기시오.

1) 꽃들은 말라 있었다. 틀림없이 물을 않주었지?

2) 땅이 미끄러웠다. 나는 미끄러졌다.

3) 어머 날카로운 칼! 나는 내 손가락을 그것으 베었다.

4) (나는)방의 문을 잠궜다

5) 방이 얼마나 어지러워 있는지! 우리는 빨리 이곳을 정리하자.

Ⅲ. 다음 문장과 연관된 번호를 고르시오.

①	غذا ی سوخته	④	لوله کش
②	چاقوی تیز	⑤	لیوان
③	لاستیکِ خراب	⑥	کاغذ

1) آن از دستم افتاد.

2) شعله ی اجاق زیاد است.

3) انگشتم را با آن بریدم.

4) تاکسی در بین راه پنچر شد.

5) لوله ی ترکیده است.

몸에 쓴 약은 입에 달다
حقیقت تلخ است
[하기가트 탈케]

■ **이란인의 매너**

엘리베이터를 타서 먼저 타고 있는 사람에게 등을 돌리는 경우, '죄송합니다'라고 말하는 여성에게 남성은,

گل پیش و پشت ندارد. [골 피쉬 바 포쉬트 나더레 = 골 피쉐오 포쉬트 나더레]

(꽃은 앞과 뒤가 없다)라고 답하는 사교적인 말이 있다.

꿩먹고 알먹는
이란어 첫걸음

부록 1 해답
부록 2 동사의 시제표
부록 3 주요 동사
부록 4 의성어

부록 1. 해답

제1과

1.
1) زن‌ها   2) پدر
3) خورش   4) اسب
5) آب   6) درس
7) موزه   8) کلاس
9) گل   10) همه

2.
1) سلام خانم، حال شما چطور است؟ سلامتید(= سلامت هستید)؟
2) سلامت هستم(= حالم خوب است).
3) حال او چطور است؟
4) خیلی خوب است.
5) خیلی ممنون. خانم کیم خوب اند. به امید دیدار.
6) سفر بخیر.
7) خانم کیم، خداحافظ.
8) خدانگهدار آقای حَسَن.
9) خداحافظ خانم حسن.
10) صبح بخیر.

제2과

1.

1) 당신을 만나서 매우 반갑습니다.
2) 이 책은 당신 것 입니다.
3) 나는 이란인입니다, 당신은 한국인 입니다.
4) 나의 이름은 모함마드입니다.
5) 지금은 춥다.

2.

1) خانه ی کوچک [케네 예 쿠체크]
2) مال تو [멀레 토]
3) پای کوچک شما [퍼 예 쿠체체케 쇼머]
4) خانه ی تو [커네 예 토]
5) کتاب های ما [케텁허 예 머]
6) چمدان قرمز (= چمدان سرخ) [차마더네 게르메즈 = 차마더네 쏘르크]
7) موی او [무 예 우]
8) پاهای آنها [퍼허 예 언허]
9) مال من [멀레 만]
10) خانه های شما [커네허 예 쇼머]

3.

1) هستی   2) هستید   3) هستند   4) است   5) ام

제3과

1.

1) 좋은 아침. 당신 건강은 어때요? (= 안녕하세요?)

2) 나쁘지 않아요(= 괜찮아요). 대단히 감사합니다.

3) 당신은 어때요?

4) 저도 나쁘지 않아요(= 저도 괜찮아요)

5) 나는 저것을 먹지 않았다. 너는 그것을 먹었니? 아니. (나는)먹지 않았다.

6) 그(그녀)는 가지 않았다.

7) 하산씨는 간다 그리고 나는 가지 않는다

   (= 하산씨는 갈것이다 그리고 나는 가지 않을 것이다)

8) 김씨(여성을 지칭)는 먹지 않는다.

9) 그곳의 맞은편에 나의 집이 있다.

10) 우리는 나쁘지 않다(= 우리는 괜찮다). 너의 건강은 좋지 않니?

2.

1) اطاق من بزرگ است.

2) چون که موزه دور است، (ما) با مترو می رویم.

3) دوست من پیاده به بیمارستان می رود.

4) آیا آن کتاب پدر شما است؟ نخیر، آن مال من است.

5) آیا تو آن را خوردی؟ نه، نخوردم.

6) اوست. او کیف قرمز را دارد.

7) اینجا کجاست؟

8) صورت او زیباست (= او زیباست).

9) من نرفتم.

10) آنها نرفتند.

3.
1) داری   2) داشتید   3) دارند   4) خواستیم   5) نبودم

제4과

1.
1) آقا، لطفاً یک کیلو و نیم سیب بدهید. چقدر می شود؟
2) این سیب از آن سیب بهتر است.
3) چند کیلو لازم دارید؟ (چند کیلو می خواهید؟)
4) این میوه مانده است. هفته ی آینده میوه ی تازه می آید.
5) آن سبزی مال این خانم است، این مال شما است.

2.

1	گرانتر	گرانترین
2	ارزانتر	ارزانترین
3	زیادتر	زیادترین
4	بزرگتر	بزرگترین
5	زیباتر	زیباترین
6	پهنتر	پهنترین
7	روشنتر	روشنترین
8	تاریکتر	تاریکترین
9	نزدیکتر	نزدیکترین
10	دورتر	دورترین

3.

1) بخوان   بخوانید
2) ببین   ببینید
3) بکن   بکنید
4) بیاور(= بیار)   بیاورید (= بیارید)
5) بنویس   بنویسید

제5과

1.

1) 1주일은 며칠입니까?
2) 1년은 365일입니다.
3) 금요일은 학교가 쉽니다.
4) 나는 금요일마다 집에 없다.
5) 당신의 오빠(형)은 몇 살입니까?

2.

1) من بیست و سه سال دارم.
2) او سیزده سال پیش به ایران رفت.
3) ساعت دوی بعد از ظهر در خانه نبود.
4) ساعت شما حالا ساعت چهار و چهل و پنج دقیقه است.
5) دوست من پارسال در کره نبود.

3.

1) ساعت پنج بعد از ظهر
2) ساعت چهار و شانزده دقیقه
3) سی و چهار دقیقه و بیست و دو ثانیه

4) ساعت پنج ربع کم = ربع به پنج

5) ساعت نه قبل از ظهر

제6과

1.

1) 아들은 딸보다 나이가 많다.

2) 이 일은 저것보다 쉽다.

3) 당신 아버지의 이름은 무엇입니까?

4) 이 과목은 매우 어렵다.

5) 나의 친구는 저 상점에서 사과 3kg를 샀다.

6) 2시반이다.

7) (나는) 시장으로 가지 않았다.

8) 점심 먹었어요? 네. 많이 먹었어요.

9) 그들은 5년간 그곳에 없었다.

10) 하산의 어머니는 오후 7시에 집으로 돌아가셨다.

2.

1) دوازده ساعت

2) ساعت پنج

3) شش و نیمِ صبح

4) ساعت دهِ بعد از ظهر

5) ده ساعت

6) دو بلیط رفت و آمد

7) دو ماه

8) چند سال

9) بیست درجه

10) سه کتاب = سه جلد کتاب

3.

1) نه، من کره ای نیستم.

2) بله، خودم باز می کنم.

3) بله، می خواهم باشما به دانشگاه بروم.
4) خواهش می کنم.
5) نه، نرفتم. چون من امروز کار مهمی دارم.

제7과

1.

1) 아미리씨와 아미리부인은 부부이다.
2) 그들은 아이가 둘을 가지고 있다.
3) 그/그녀/의 아버지 이름은 호세인이다.
4) 하산의 할아버지와 할머니는 그들과 함께 살고 있다.
5) 그/그녀/의 손자는 여기에 있다.

2.

① 장모 [머다르 잔] ② 형제. 남자형제 [바라다르]
③ 외사촌(외숙부의 아들) [페사르 더이] ④ 백부. 숙부의 딸 [도크타르 아무]
⑤ 자매의 자식(여자형제가 낳은 아이) [커하르저데] ⑥ 시아버지 [페다르 쇼하르]
⑦ 고모의 딸 [도크타르 암메] ⑧ 이모의 아들 [페사르 컬레]
⑨ 처제. 처형 [커하르 잔]

3.

1) زن و شوهر یک دختر و یک پسر دارند.
2) شما چند تا بچه دارید.
3) من دو برادر بزرگتر دارم.
4) مادر شوهر به خانه رفت.
5) آن مرد دوست دایی است.

제8과

1.

1) 아미리씨는 회색 머리카락과 갈색 눈을 가지고 있다.

2) 그/그녀/는 말랐다.

3) 그/그녀/는 매일 아침, 푸른색 옷을 입는다.

4) 나는 집 근처의 공원에 갑니다.

5) 나는 그곳에서 김씨와 함께 운동을 합니다.

2.

① پهن   ② کهنه   ③ تاریک   ④ لاغر   ⑤ تمیز
⑥ کوتاه   ⑦ سیاه   ⑧ جوان   ⑨ ضعیف   ⑩ گشاد

3.

1) آن خانه قرمز(= سرخ) است.
2) من کیف مشکی و کیف ارغوانی داشتم.
3) لباس آن دختر رنگارنگ است.
4) یک دختر با لباس صورتی بود.
5) آن چه رنگی است؟

제9과

1.

1) 여보세요 훼레쉬테씨(여성지칭)?

2) 네, 말씀하세요.

3) 저는 김이에요.

193

4) 김선생님(남자지칭)? 제발 그런 일이 없기를(직역: 신이여 나쁘게 하지 마세요). 목소리가 잠겼는데요.

5) 감기에 걸린 것 같아요. 목이 너무 아파요.

6) 그럼 의사선생님에게 보이는 게 좋아요.

7) 네, 알리박사님에게 오늘 수업에 갈 수 없다고 말해 주세요.

8) 알겠어요, 꼭 말할게요. 몸조심하세요.

9) 대단히 고마워요.

10) 천만에요.

2.

1) الو، امیری؟
2) نه. اشتباه گرفتید.
3) خیلی معذرت می خواهم.
4) خواهش می کنم.
5) لطفاً به آن نگاه کنید.

3.

1) شهرمان   2) منزلتان   3) گربه شان   4) اداره ام
5) میوه ات

제10과

1.

1) (나는) 머리가 아파요.

2) (당신은) 열도 있나요? 네, 그리고 머리가 무거워요.

3) 약국은 어디에요?

4) (당신은) 감기약을 원하세요?

5) (나는) 식욕이 없어요.

2.

1) سیامک عطسه و سرفه می کند.
2) گلویش هم درد می کند.
3) از چشم و بینی او آب می آید.
4) پویان غذای فاسد خورده است.
5) او مَسموم شده است.

3.

	단수(긍정/부정)	복수(긍정/부정)
1	بنویس ننویس	بنویسید ننویسید
2	بشو نشو	بشوید نشوید
3	بشو نشو	بشویید نشویید
4	بپوش پوش	بپوشید نپوشید
5	ببین نبین	ببینید نبینید

제11과

1.

1) 나와 나의 오빠(남자형제)는 아침을 준비하기로 결심했다.
2) 점심을 위해 우리는 우유, 계란, 버터, 잼과 꿀을 준비했다.
3) 우리는 우선 몇 개 가지의 껍질을 벗겼다.
4) 우리는 그 어려운 책을 읽도록 노력했다.

5) 만약 당신이 허락한다면 나는 오늘밤 당신에게 오겠어요.

6) 제가 대학교에 가도록 (당신은) 허락하세요.

7) 음식을 먹기 전에 반드시 손을 따뜻한 물과 비누로 (너는) 닦아야 한다.

8) (나는) 이 공책을 나한데 당신이 가져간 것을 알고 있다.

9) (나는) 그/그녀/에게 그것을 주기를 원했다.

10) (나는) 사고 싶다.

2.

1) ما برای غذا پختن به آشپزخانه می رویم.
2) ما مرغ ها را آب پز می کنیم، پیازها را خرد (= ریز) می کنیم.
3) غذاها سوخته بودند. دود همه جا را پر کرده بود.
4) ما نزدیک ظهر بود که پلو پختیم.
5) خوشبختانه مادربزرگ تلفن کرد و ما را به خانه اش برای ناهار دعوت کرد.

3.

	단수(긍정/부정)			복수(긍정/부정)		
	1인칭	2인칭	3인칭	1인칭	2인칭	3인칭
1	بدانم بدانیم	بدانی بدانید	بداند بدانند	ندانم ندانیم	ندانی ندانید	نداند ندانند
2	بتوانم بتوانیم	بتوانی بتوانید	بتواند بتوانند	نتوانم نتوانیم	نتوانی نتوانید	نتواند نتوانند
3	بزنم بزنیم	بزنی بزنید	بزند بزنند	نزنم نزنیم	نزنی نزنیم	نزند نزنند
4	بشنوم بشنویم	بشنوی بشنوید	بشنود بشنوند	نشنوم نشنویم	نشنوی نشنوید	نشنود نشنوند
5	بخوابم بخوابیم	بخوابی بخوابید	بخوابد بخوابند	نخوابم نخوابیم	نخوابی نخوابید	نخوابد نخوابند

제12과

1.

1) 향료들은 각기 독특한 냄새, 맛과 색을 가지고 있다.

2) 이란음식을 요리하는데 중요한 점들 중의 하나는 음식의 간이 들게 하는 것이다.

3) 피자는 이란에서 많은 애호가들이 있는 서양음식이다.

4) 국수는 맛있는 음식 종류 중 하나이다.

5) 나스린은 음식을 만드는데 양념들과 향료를 사용한다.

2.

1) نسرین عاشقِ آشپزیِ ایرانی است.

2) در سفره ی ایرانی غذاهای رنگارنگی دیده می شود.

3) پلو و خورش غذای اصلیِ مردمِ ایران است.

4) کوفته یکی از انواعِ غذاهای سنتی در ایران است.

5) آبگوشت غذای لذیذ و خوشمزه ای است.

3.

1) خوابیده   2) ساخته   3) شکسته   4) بریده   5) دیده

제13과

1.

1) 정원 벽들은 하얀 라일락(재스민)으로 덮혔다.

2) 나는 마른 꽃들을 꽃병에 꽂아 두었다.

3) 나는 백화점에 가기를 원한다.

4) 당신은 어디 가기를 원합니까? 시장에. 무엇 때문에?

5) 나는 한 켤레의 예쁜 구두를 사고 싶다.

2.

1) باغبان در باغ گل و گیاه پرورش می دهد.
2) پدربزرگ دسته ی گلِ زیبایی درست می کند.
3) آنها هر سال نهالِ درخت در حیاطِ دانشگاه می کارند.
4) من پیش از اینکه گل ها پَژمُرده بشوند آنها را خشک می کنم.
5) در فصل بهار برگ درختان دوباره برگ سبز می شود.

3.

1) روی   زیرِ
2) برای   به
3) روبروی   پشتِ
4) به
5) با   در

제14과

1.

1) 당신은 언제 테헤란공항에 도착할 겁니까?
2) 너는 유명한 건물을 가까이에서 볼 것이다.
3) 우리는 두 달동안 쉴 것이다.
4) 나의 아버지는 내달 버스로 쉬러즈로 갈 겁니다.
5) 우리는 그 음식을 먹지 않을겁니다.
6) 이 집은 노동자들에 의해 지어졌다.
7) 눈 때문에 길은 막혔다.
8) 철은 쉽게 잘라지지 않는다.
9) 그/그녀/는 받아들여 지지않았다(= 떨어졌다).
10) 창문은 바람으로 인해 열렸다.

2.

1) تماشای فیلم های ترسناک برای بچه ها زیان آور است.
2) رهبرِ ارکستر، نوازندگان را هدایت می کند.
3) علی و همسرش وسط فیلم از سالنِ سینما بیرون آمدند.
4) کارگردانِ این فیلم خیلی معروف نبود.
5) نیکی کریمی از مشهورترین بازیگرِ زن ایران است.

3.

	단수			복수		
	1인칭	2인칭	3인칭	1인칭	2인칭	3인칭
1	تمام خواهم شد	تمام خواهی شد	تمام خواهد شد	تمام خواهیم شد	تمام خواهید شد	تمام خواهند شد
2	درست خواهم شد	درست خواهی شد	درست خواهد شد	درست خواهیم شد	درست خواهید شد	درست خواهند شد
3	خواهم فهمید	خواهی فهمید	خواهد فهمید	خواهیم فهمید	خواهید فهمید	خواهند فهمید
4	فرار خواهم کرد	فرار خواهی کرد	فرار خواهد کرد	فرار خواهیم کرد	فرار خواهید کرد	فرار خواهند کرد
5	شنیده خواهم شد	شنیده خواهی شد	شنیده خواهد شد	شنیده خواهیم شد	شنیده خواهید شد	شنیده خواهند شد

제15과

1.

1) 나는 팔꿈치를 피아노 위에 놓고 그들/그녀들/을 쳐다 보고 있었다.
2) 나는 미국은 여행한 적이 있지만 독일은 갔던 적이 없다.
3) 보디빌딩은 인간에게 유용한 운동 중 하나이다.

4) 패배한 팀은 불쾌해 하며 그라운드를 나갔다.

5) 이란의 시인들은 페르시아어로 많은 시들을 말했었다.

6) 만일 쌌었다면 샀었을텐데.

7) 만일 나를 그들/그녀들/이 허락했었다면 나는 갔었을텐데.

8) 만일 개가 그 아이를 찾지 못했었다면 그 아이는 추위로 죽었을텐데.

9) 내가 어렸을 때 나는 그/그녀/와 함께 저 광장에서 놀고는 했었다.

10) 우리가 이 도시에 닿았을 때 날씨는 어두워 있었다.

2.

1) نادر ورزشکار است. او از دورانِ نوجوانی تاکنون مرتب ورزش می کند.

2) دونده ها همگی در مقابل خطِ شروعِ حرکت ایستاده بودند.

3) کوه نوردی یکی از ورزش های مفید و تفریحی است.

4) در پایانِ مسابقه بازیکنانِ تیمِ برنده با بازیکنانِ تیمِ بازنده دست می دهند.

5) در بازیِ فوتبال، دروازه بان نقشِ مهمی دارد. او مراقبتِ دروازه است.

제16과

1.

1) 허메드는 손으로 깔개의 윗면을 쓰다듬고 있다.

2) 우리는 피부로 사물을 촉감한다.

3) 아프써네는 가는 눈과 짧은 속눈썹을 가지고 있다.

4) 메흐리는 옆으로 퍼진 눈[45]과 활과 같은 둥근 눈썹을 가지고 있다.

5) 써러의 머리카락은 길고 웨이브가 있다.

2.

1) ما به کمکِ گوش صدا را میشنویم، به کمکِ زبان مزه ها را می چشیم.

2) شیرین با دستش بر سطحِ نرمِ پارچه را می کشد.

---

[45] 일반적으로 동양인의 눈을 의미함.

3) پیران از فاصله ی دور چیزها را خوب می بینند، ولی از نزدیک خوب نمی بینند.
4) سحر دندانِ کرم خورده دارد.
5) مریم کتفش درد می کند.

제17과

1.

1) 노동자거리를 끝까지 가라.
2) 그리고 나서 오른쪽으로 돌아라 그리고 다시 곧장 가라.
3) 싸아디 사거리(교차로)를 지나라. 도로를 곧장 따라 가.
4) 오른쪽의 첫 번째 거리로 가 위로(향해 가라).
5) 우리는 왼쪽의 첫 번째 골목인 메흐르더러 막다른 골목 8블록 바로 그곳에서 당신을 기다리겠어요.

2.

1) کتاب فروشیِ شهروند نبشِ کوچه ی مِهر است.
2) نزدیکِ خانه ی سلطانیه میدانِ بزرگی وجود دارد.
3) هر شب، بیشتر خیابان های تهران ترافیکِ سنگین و خسته کننده ای دارند.
4) مغازه های گوناگون در خیابان های شهر وجود دارد.
5) پلیسِ راهنمایی و رانندگی سرِ چهار راه ایستاده است.

제18과

1.

1) 내가 실수를 했었다고 나는 생각하지않는다
2) 페르시아어를 배우기 위해 집에서 매우 노력을 했었었다.

3) 그/그녀/의 아들은 페르시아어 책을 읽고 있던 중이었다.
4) 그 때 당신은 무슨 일을 하고 있었던 중이었어요?
5) 너는 네가 무슨 일을 하고 있는 중인지 이해하지 못했다.

2.

1) هر روز به مادر شما نامه ای بنویسید.
2) از آن مغازه برنج را بخر.
3) کلید این اطاق را به دوست او ندهید.
4) آقای حسن باید آن کار نکرده باشد.
5) اگر من آن را می دانستم به مادر آن بچه می گفتم.

3.

1) نمک   2) روغن   3) پخته   4) چاقی   5) چرب

제19과

1.

1) 그/그녀/는 밖에 나갔다.
2) 그분이 간 것은 자신의 것(자신이 결정한 것)이지만, 그가 돌아오는 것은 신에게 달렸다. 당신은 그분과 약속을 했습니까?
3) 아니요, 그러나 저는 급한 일을 가지고 있었습니다 그래서 (저는) 바로 오늘 이분을 만나야만 합니다.
4) 만일 당신이 10분 일찍 왔더라면, 그분을 만날 수 있었을 텐데요.
5) 만일 당신이 좀더 공부를 했었더라면, 통과했을텐데요.

2.

1) شاید او این را ندانسته باشد.
2) من آن کیف را می خواستم.
3) آیا شما نمی خواستید غذای ایرانی را بخورید؟

4) ما می خواهیم آن مرد را ببینیم.
5) شما باید فردا به کره حرکت کنید.
6) من به شما اجازه می دهم این نامه را بخوانید.
7) ما توانستیم آن کار را انجام بدهیم.
8) پدر شما می تواند رانندگی کند؟
9) من می خواهم برای یاد گرفتنِ فارسی به ایران بروم.
10) شاید آن بچه ندانسته باشد.

3.

1) بلند   2) کثیف   3) ناراحت   4) گرسنه   5) خیس

제20과

1.

1) 그/그녀/가 엘리베이터의 버튼을 누르려고 했을 때, 사무실 경비원이 앞으로 다가와 말했다 : "오늘 7층까지 걸어서 가야만 합니다."
2) 왜냐하면 엘리베이터가 고장나 있었다. 써썬은 한숨을 쉬면서 방으로 들어갔다.
3) 문을 닫으려고 했을 때, 그의 손가락이 문사이에 끼었다.
4) 컴퓨터 몇 번 소리를 내더니 갑자기 꺼졌다.
5) 이상해! 전화도 불통이었다.

2.

1) گل ها خشک شده اند. حتماً به آنها آب نداده ای؟
2) زمین لیز بود. من سُر خوردم.
3) عجب چاقوی تیزی! من انگشتم را با آن بریدم.
4) من درِ اطاق را قفل کردم.
5) چقدر اطاق به هم ریخته است! ما زود باید اینجا را مرتب کنیم.

3.

1) ⑤   2) ①   3) ②   4) ③   5) ④

부록 2. 동사의 시제표

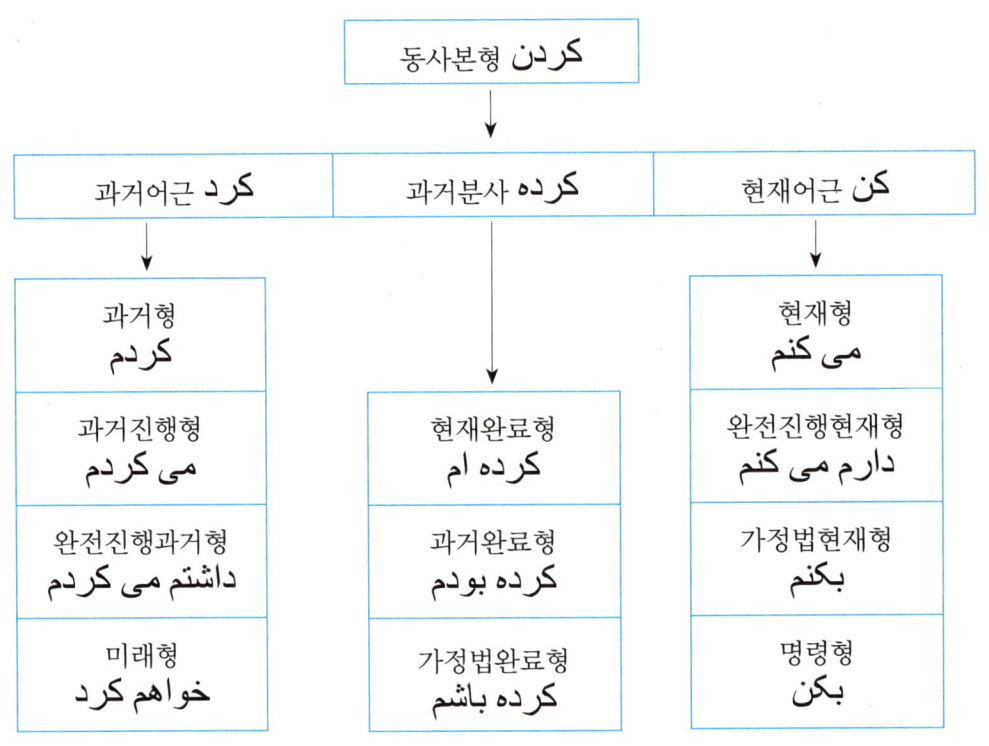

부록 3. 주요 동사

آفریدن 어화리단	آفرین 어화린	창조하다
آمدن 어마단	آ 어	오다
آموختن 어무크탄	آموز 어무즈	가르치다. 배우다
آوردن 어바르단	آور = آر 어바르 = 어르	가지고 오다
افتادن 오프터단	افت 오프트	떨어지다. 빠지다
انداختن 안더크탄	انداز 안더즈	던지다
ایستادن 이스터단	ایست 이스트	서다. 멈추다
بافتن 버프탄	باف 버프	(옷감 등)짜다
بخشیدن 바크쉬단	بخش 바크쉬	용서하다
بردن 보르단	بَر 바르	가지고 가다
بریدن 보리단	بُر 보르	베다. 자르다
بستن 바스탄	بند 반드	닫다. 묶다
بودن 부단	باش 버쉬	이다. 있다
بوسیدن 부씨단	بوس 부쓰	입맞추다
پختن 포크탄	پز 파즈	요리하다
پذیرفتن 파지로프탄	پذیر 파지르	대접하다
پرداختن 파르더크탄	پرداز 파르더즈	지불하다다
پرسیدن 포르씨단	پرس 포르쓰	묻다. 질문하다
پوشیدن 푸쉬단	پوش 푸쉬	입다
ترسیدن 타르씨단	ترس 타르쓰	두려워하다

توانستن 타버네스탄	توان 타번	할 수 있다
جستن 조스탄	جو 주	탐색하다. 추적하다
خریدن 카리단	خر 카르	사다
خندیدن 칸디단	خند 칸드	웃다
خوابیدن 커비단	خواب 컵	자다
خواستن 커스탄	خواه 커흐	원하다
خواندن 컨단	خوان 컨	읽다. 노래하다. 읊다
خوردن 코르단	خور 코르	먹다
دادن 더단	ده 데흐	주다
داشتن 더쉬탄	دار 더르	가지고 있다
دانستن 더네스탄	دان 던	알다
دوختن 두크탄	دوز 두즈	꿰매다. 바느질하다
دویدن 다비단	دو 다브	달리다. 뛰다
دیدن 디단	بین 빈	만나다. 보다
راندن 런단	ران 런	운전하다
رسیدن 라씨단	رس 라쓰	닿다. 익다
رفتن 라프탄	رو 라브	가다
ریختن 리크탄	ریز 리즈	붓다. 흘리다
زدن 자단	زن 잔	때리다. 치다. 두드리다
ساختن 써크탄	ساز 써즈	만들다
سپردن 쎄포르단	سپار/سپر 쎄퍼르/쎄포르	위임하다. 맡기다
سوختن 쑤크탄	سوز 쑤즈	타다. 불태우다
شدن 쇼단	شو 쏴브	되다
شستن 쑈스탄	شو 슈	씻다. 닦다
شکستن 쉐카스탄	شکن 쉐칸	깨지다. 깨뜨리다

شمردن 쇼모르단	شمار 쇼머르	세다
شناختن 쉐너크탄	شناس 쉐너쓰	인식하다
شنیدن 쉐니단	شنو 쉐나브	듣다
فرستادن 훼레스터단	فرست 훼레스트	보내다
فرمودن 화르무단	فرما 화르머	명령하다. 말씀하시다
فهمیدن 화흐미단	فهم 화흐므	이해하다
کاشتن 커쉬탄	کار 커르	키우다. 경작하다
کردن 캬르단	کن 콘	하다
کشتن 코쉬탄	کش 코쉬	죽이다
کشیدن 케쉬단	کش 케쉬	끌다. 그리다. 당기다
گذاشتن 고터쉬탄	گذار 고저르	놓다. 허락하다
گذشتن 고자쉬탄	گذر 고자르	지나다
گرفتن 게레프탄	گیر 기르	잡다. 쥐다. 취하다
گشتن 갸쉬탄	گرد 갸르드	돌다. 산책하다
گفتن 고프탄	گو 구	말하다
لرزیدن 라르지단	لرز 라르즈	흔들리다
ماندن 먼단	مان 먼	남다. 머물다
مردن 모르단	میر 미르	죽다
نشستن 네솨스탄	نشین 네쉰	앉다
نوشتن 네베쉬탄	نویس 네비쓰	쓰다
نوشیدن 누쉬단	نوش 누쉬	마시다
نمودن 나무단	نما 나머	나타나다. 보여주다
نهادن 네허단	نه 네흐	놓다
یافتن 여프탄	یاب 엽	얻다. 찾다. 구하다

부록 4. 의성어

ميو ميو [미우 미우] 야옹야옹(고양이 울음소리)
ماما [머머] 음매음매(소 울음소리)
واق واق [버그 버그] 멍멍(강아지소리)
كيش كيش [키쉬 키쉬] 쉬이 쉬이(새를 쫓을 때 내는 소리)
قار قار [거르 거르] 까악 까악(까마귀소리)
قُد قُد [고드 고드] 꼬꼬(닭이 내는 소리)
مِع مِع [메으 메으] 메 메(염소)
عَر عَر [아르 아르] 당나귀 울음소리
قوقولی قوقو [고고리 고고] 꼬꼬댁 꼬꼬
بَع بَع [바으 바으] 매애(양의 울음소리)
جیک جیک [질 질] 짹짹(참새)
وِز وِز [베즈 베즈] 윙윙(모기나 벌)
نَق نَق [타그 타그] 똑똑. 탁탁
تیک تاک [틱 틱] 똑딱똑딱. 재깍재깍
جلز و ولز [젤레조 벨레조] (구운고기가) 지글지글
دلنگ دلنگ [델랑 델랑] 딸랑딸랑
خِش خِش [케쉬 케쉬] 사각사각(낙엽밟은 소리)
هو هو [호우 호우] 훌쩍 훌쩍(울음소리)
شُر شُر [쇼르 쇼르] 좔좔(물소리)
جَر جَر [자르 자르] 부슬부슬(비내리는 소리)
جیرینگ [지링] 쨍그렁
شالاپ شلوپ [셔렆 쇼렆] 첨벙첨벙
مِن مِن [멘 멘] 중얼중얼. 우물우물
پچ پچ [페츠 페츠] 떠듬떠듬(천천히 느리게 말하는 소리)
تالاپ تلوپ [터렆 토릎] 철석 철석(발을 땅에 끄는 소리)
تاب تاب [텊 텊] 두근두근(심장소리)